Generis
PUBLISHING

Desarrollar Un Sistema Integral Para Registrar Y Dar Seguimiento A Las Garantías Económicas

En Materia De Adolescentes En El Sistema De Justicia Penal Oral

GUILLERMO FUENTES CAÑEZ

Title: **Desarrollar Un Sistema Integral Para Registrar Y Dar Seguimiento A Las Garantías Económicas**

En Materia De Adolescentes En El Sistema De Justicia Penal Oral

ISBN: 979-8-89966-454-0

Author: GUILLERMO FUENTES CAÑEZ

Cover image: AI Generated

Publisher: Generis Publishing
Online orders: www.generis-publishing.com
Contact email: info@generis-publishing.com

UNIVERSIDAD AUTÓNOMA DE BAJA CALIFORNIA
FACULTAD DE CIENCIAS ADMINISTRATIVAS

TESIS:

DESARROLLAR UN SISTEMA INTEGRAL PARA REGISTRAR Y DAR SEGUIMIENTO A LAS GARANTÍAS ECONÓMICAS EN MATERIA DE ADOLESCENTES EN EL SISTEMA DE JUSTICIA PENAL ORAL.

PRESENTA:

GUILLERMO FUENTES CAÑEZ

PARA OBTENER EL GRADO DE:

MAESTRÍA EN GESTIÓN DE TECNOLOGÍAS DE LA INFORMACIÓN Y LA COMUNICACIÓN

DIRECTOR DE TRABAJO TERMINAL:

DRA. ADELAIDA FIGUEROA VILLANUEVA

Mexicali Baja California, noviembre 2025

ÍNDICE

INTRODUCCIÓN

El Poder Judicial es el encargado de administrar la justicia en una sociedad, mediante la aplicación de las normas jurídicas en la resolución de conflictos. Es autónomo e independiente en sus decisiones.

En el año 2008, el Congreso de la Unión aprobó la Reforma Penal que cambia el modelo a un sistema de justicia penal. Entre los objetivos de este Nuevo Sistema de Justicia Penal está el modernizar la administración de justicia para que sea más eficaz y transparente, mejorar la atención a las víctimas del delito, promover la reparación del daño y transparentar los procesos penales.

Por tal motivo las Tecnologías de la Información y las Comunicaciones (TICs) poseen un carácter estratégico. En base a esto es necesario el desarrollo y la implementación de un sistema de software en materia de adolescentes donde se registren y se den seguimiento a los depósitos en garantía que impone la autoridad judicial por los conceptos de multas y reparaciones del daño, así como agilizar el trámite de las garantías económicas, traspasos y devoluciones a favor de las víctimas u ofendidos

Los cambios continuarán transformando nuestras actividades y visión del mundo. Por lo tanto, es importante orientar este cambio para aprovecharlo en beneficio de la sociedad, los organismos públicos y el país (Pacheco Barrera, s.f.).

Es necesario el desarrollo y la implementación de un sistema de software en materia de adolescentes donde se registren y se den seguimiento a los depósitos en garantía que impone la autoridad judicial por los conceptos de multas y reparaciones del daño.

Este proyecto busca hacer uso de las tecnologías más recientes para agilizar el trámite de las garantías económicas, traspasos y devoluciones a favor de los ofendidos y/o víctimas

ANTECEDENTES

Poder Judicial del Estado de Baja California Sur

La Dirección del Fondo Auxiliar para la Administración de Justicia es la dependencia del Consejo de la Judicatura encargada de recibir y administrar los valores que remiten los órganos y otras dependencias del Poder Judicial. Su objetivo principal es auxiliar al Pleno del Consejo de la Judicatura en el Estado de Baja California Sur en la administración, custodia, vigilancia, supervisión y optimización de los recursos que integran el Fondo Auxiliar para la Administración de Justicia, así como ser auxiliar de la Secretaría de Finanzas del Gobierno del Estado para la ejecución de multas judiciales impuestas por los órganos jurisdiccionales o administrativos y el requerimiento de pago de instituciones afianzadoras. Su misión es coadyuvar en la impartición de justicia que desempeñan los órganos jurisdiccionales, administrando los recursos propios y ajenos derivados de los depósitos que exhiban los particulares en tocas, causas, expedientes o cuadernos, así como los pagos de productos; a través de una atención eficaz, transparente y confiable, dando un servicio de calidad a los ciudadanos (tribunalbcs, s.f.)

Fondo Auxiliar para la Administración de Justicia del Estado de Yucatán

El 15 de Julio de 1991 se publicó en el Diario Oficial del Gobierno del Estado de Yucatán la Ley del Fondo Auxiliar para la Administración de Justicia del Estado de Yucatán, la cual, en su artículo 1, dispuso la creación de un fondo económico como complemento del presupuesto asignado por el Congreso del Estado al Poder Judicial, con personalidad jurídica y patrimonio propios. Por Decreto número 296 publicado en el Diario Oficial del Gobierno del Estado el día 17 de mayo de 2010, se reformó la Constitución Política del Estado de Yucatán, creando el Consejo de la Judicatura del Poder Judicial, como órgano constitucional colegiado que ejerce funciones y competencias de gobierno del Poder Judicial, a través de atribuciones administrativas, vigilancia y disciplina. Bajo el ámbito de competencia del Consejo de la Judicatura del Poder Judicial, la Comisión de Administración vigila y supervisa el funcionamiento y operación del Fondo Auxiliar para la Administración de Justicia del Estado de Yucatán (Yucatán, s.f.)

PLANTEAMIENTO DEL PROBLEMA

En la actualidad el Sistema de Justicia Penal Oral del Estado enfrenta dificultades en la gestión eficiente de sus registros de pagos y depósitos en garantía dictados por la autoridad Judicial por conceptos de multas y reparaciones del daño. La falta de un sistema automatizado y centralizado para registrar y rastrear los pagos recibidos o realizados puede dar lugar a errores, pérdida de información importante y retrasos en las conciliaciones y en la toma de decisiones.

Los problemas y desafíos asociados con la gestión manual de registros de pagos incluyen:

- **Errores Humanos**: Los registros manuales son propensos a errores de entrada de datos, cálculos incorrectos y pérdida de información vital, lo que puede llevar a discrepancias financieras y dificultades en la conciliación de efectivo.
- **Ineficiencia**: La gestión manual de registros de pagos es un proceso lento y propenso a la duplicación de esfuerzos. Esto resulta en una pérdida de tiempo y recursos valiosos.
- **Falta de Información en Tiempo Real**: La falta de acceso instantáneo a información financiera actualizada dificulta la toma de decisiones informadas y estratégicas.
- **Vulnerabilidad a Pérdidas de Datos**: Los registros en papel o en hojas de cálculo pueden perderse o dañarse fácilmente debido a eventos imprevistos como incendios, inundaciones o errores de almacenamiento.

JUSTIFICACIÓN

Debido al incremento de asuntos y expedientes en materia de adolescentes es necesario mejorar el acceso y registro de la información mediante la implementación de una correcta estrategia informática, permitirá al Poder Judicial del Estado, mejorar la organización y administración de sus recursos humanos y materiales, y en consecuencia, brindar un servicio de mayor calidad a los ciudadanos.

Actualmente, no existe en las dependencias o entidades similares a nivel nacional, en los diferentes estados del país, un software que cumpla con los requerimientos específicos y necesidades particulares de este proyecto. Las soluciones disponibles en la actualidad no se ajustan de manera integral a los criterios técnicos, operativos y funcionales necesarios, lo que genera una brecha en el mercado para una herramienta que pueda responder de forma efectiva a los desafíos particulares del sector. Esta ausencia de una herramienta adecuada resalta la oportunidad de desarrollar una solución única y personalizada que cubra este vacío y satisfaga de manera óptima los requisitos planteados.

Este proyecto apoyará al Sistema de Justicia Penal Oral del Estado en el desarrollo de su trabajo en la materia de adolescentes y que sustentadas en las tecnologías de información brindarán datos estratégicos para mejorar sus actividades y el servicio que proporciona.

Todos estos beneficios brindaran al Poder Judicial del Estado mayor confiabilidad de su información además de dar un mayor prestigio y estar a la vanguardia en el servicio brindado a la ciudadanía.

OBJETIVOS GENERAL Y ESPECÍFICOS

Objetivo General

Implementar un sistema integral de control de depósitos, devoluciones y traspasos de garantías económicas que impone una autoridad judicial por concepto de multas y reparaciones del daño a favor de las víctimas u ofendidos en materia de adolescentes para el Sistema de Justicia Penal Oral del Estado.

Objetivos Específicos

- Definir procesos de control de depósitos, devoluciones, traspasos y seguimiento para el Sistema de Justicia Penal Oral.
- Implementar un sistema de software para dar seguimiento a los pagos de multas y reparaciones del daño que será utilizado por los módulos de atención al público del Estado.

ALCANCES Y LIMITACIONES

Este proyecto tiene la finalidad desarrollar un sistema informático que permitirá al Poder Judicial del Estado utilizar las tecnologías más recientes para agilizar y facilitar el acceso de la información en materia de adolescentes, así como también desarrollar un sistema para el control de depósitos, devoluciones y traspasos por concepto de multas y reparaciones del daño que impone una autoridad judicial como es el juez. Esto como parte de un proyecto del Consejo de la Judicatura para la modernización de los procesos administrativos y jurídicos para brindar un servicio de mayor calidad a los ciudadanos

Como parte de un proyecto del Consejo de la Judicatura y para la modernización de los procesos administrativos y jurídicos, se encuentra el desarrollo de una nueva aplicación informática en materia de adolescentes

Alcances del Proyecto

- Seguridad: Debe contar con autenticación y estándares de seguridad para la protección de la información de los usuarios.
- Reportes y Análisis: Debe proporcionar la capacidad de generar informes de ingresos propios y ajenos, devoluciones y traspasos, así como el flujo de efectivo.
- Debe permitir realizar conciliaciones trimestrales de los pagos efectuados.
- Soporte a usuarios: Debe proporcionar canales de soporte, como soporte telefónico y correo electrónico, para resolver problemas y responder preguntas relacionadas con los pagos.
- Controlar los depósitos en garantía dictados por la autoridad Judicial y ponerlos a disposición del Depto. del fondo auxiliar para la administración de justicia hasta que el Tribunal de Garantía y Juicio Oral Penal resuelva sobre su destino.
- De cumplimiento sobre el destino de los depósitos económicos en modalidad e recursos ajenos que haya resuelto la autoridad Judicial a favor del Tribunal Superior de Justicia
- Registro de las devoluciones de depósitos en garantía y reparaciones del daño que haya resuelto la autoridad judicial a favor de las víctimas u ofendidos

Limitaciones del proyecto

- El recurso financiero debido a que no sea aprobado en el presupuesto anual

- La priorización de otro proyecto puede limitar los recursos disponibles, lo que afectará el cronograma del proyecto actual
- El acceso al sistema se dará mediante un usuario y una contraseña
- Los usuarios de segunda instancia serán de consulta únicamente podrán emitir reportes
- El jefe de cada municipio deberá enviar un correo con los usuarios autorizados
- Únicamente el administrador del sistema podrá crear usuarios
- Hardware, como la capacidad de procesamiento, memoria y almacenamiento deben ser suficientes para poder implementarlo
- El tiempo puede dificultar la completa implementación del sistema de software. debido a que en ocasiones salen otras prioridades con otros sistemas y esto puede ocasionar no cumplir con las fechas establecidas
- Los cambios en los requisitos pueden cambiar durante el proceso de desarrollo debido a nuevas solicitudes de los usuarios, estos cambios pueden provocar retrasos o la incapacidad de completar el sistema según lo planeado.

MARCO REFERENCIAL

Normativas

Reglamento de la ley del fondo auxiliar para la administración de justicia del estado de baja california.

Este reglamento regula la administración y operación del Fondo Auxiliar creado para apoyar y mejorar la administración de justicia en el Estado de Baja California. Establece las normas específicas para la gestión de los recursos financieros del fondo, que incluyen su inversión en valores de bajo riesgo y la planificación del presupuesto anual (ORDEN JURIDICO, s.f.).

El reglamento detalla que el Consejo de la Judicatura es el encargado de la administración del fondo. Entre sus responsabilidades se encuentran la elaboración del presupuesto anual de egresos, la selección y contratación de personal auxiliar necesario para la adecuada administración del fondo, y la toma de decisiones sobre la inversión de los recursos en instrumentos financieros seguros para preservar y aumentar el capital disponible (AG PLENO CJF, s.f.).

Asimismo, establece que los recursos del fondo deben ser utilizados de manera eficiente para contribuir al mejoramiento general del sistema judicial, garantizando su óptimo funcionamiento y fortalecimiento. El fondo se integra a la Cuenta Pública del Poder Judicial, lo que implica que está sujeto a los mecanismos de fiscalización y auditoría establecidos por la ley para asegurar la transparencia y correcta utilización de los recursos. Este reglamento tiene como objetivo principal asegurar que los fondos destinados a la justicia se manejen con la mayor responsabilidad y efectividad, contribuyendo así a una administración de justicia más eficiente y equitativa en el Estado de Baja California (PJBC, s.f.).

Ley del Fondo Auxiliar para la Administración de Justicia del Estado de Baja California.

La Ley del Fondo Auxiliar para la Administración de Justicia del Estado de Baja California, promulgada el 31 de marzo de 1989 y reformada por última vez el 15 de febrero de 2013, establece la creación de un fondo destinado a mejorar la administración de justicia en el estado. Este fondo, bajo la supervisión del Consejo de la Judicatura del Estado, se integra con fondos provenientes de multas, cauciones, objetos no reclamados, bienes depositados en tribunales, reparaciones de daño no aceptadas, intereses de depósitos, donaciones e ingresos por derechos (Periódico Oficial, s.f.).

El Consejo de la Judicatura es responsable de la administración del fondo, incluyendo la inversión de los recursos en valores seguros, la elaboración anual del presupuesto de egresos, y la designación de personal auxiliar. El fondo forma parte de la Cuenta Pública del Poder Judicial y está sujeto a fiscalización conforme a la ley (REGLAMENTO DE LA LEY DEL FONDO AUXILIAR, s.f.).

Los recursos del fondo se destinan a cubrir gastos administrativos, adquirir mobiliario, equipo y libros para el Tribunal Superior de Justicia, formar y actualizar al personal del Poder Judicial, y ofrecer estímulos económicos al personal jurisdiccional, excluyendo a consejeros, magistrados y jueces. El fondo también puede utilizarse para el mejoramiento general de la administración de justicia (Congreso B.C., s.f.).

La ley incluye disposiciones para la fiscalización del manejo de valores y depósitos mediante visitas especiales por auditores. Además, abroga leyes anteriores relacionadas con la administración de depósitos judiciales y el mejoramiento de la justicia en el estado, y establece que la publicación de la ley actúa como notificación oficial para los procedimientos correspondientes (Nacional, s.f.).

Ley de ingresos del estado de Baja California, para el ejercicio fiscal del año de 2024.

La Iniciativa de Ley de Ingresos del Estado de Baja California para el año fiscal 2024, presentada para la revisión del Honorable Congreso del Estado, define las tarifas y cuotas, así como los conceptos de ingresos que la Hacienda Pública Estatal tiene derecho a recibir. Su propósito es establecer un sistema de recaudación estatal que mantenga las finanzas públicas en buen estado y sea transparente. Busca ofrecer mayor claridad a los contribuyentes sobre las contribuciones que deben pagar, expandir la base de contribuyentes y garantizar que se respeten los principios de generalidad, equidad y proporcionalidad según la Constitución Política de los Estados Unidos Mexicanos (Congreso B.C, s.f.).

Además, la iniciativa pretende redirigir los ingresos públicos para atender las necesidades más urgentes de la población de Baja California y reducir la dependencia de las participaciones federales, las cuales, aunque son esenciales, presentan incertidumbres debido a su naturaleza variable, especialmente en el actual contexto económico global (Gobierno del Estado, s.f.).

Ley sobre la protección de datos de las niñas, niños y adolescentes

Todos los niños, niñas y adolescentes tienen derecho a la intimidad personal y familiar, y a la protección de sus datos personales. Niñas, niños y adolescentes no podrán ser objeto de injerencias arbitrarias o ilegales en su vida privada, su familia, su domicilio o su correspondencia; tampoco de divulgaciones o difusiones ilícitas de información o datos personales, incluyendo aquélla que tenga carácter informativo a la opinión pública o de noticia que permita identificarlos y que atenten contra su honra, imagen o reputación (Idaip, s.f.).

Metodologías de Implantación

Biblioteca de Infraestructura de Tecnología de la Información (ITIL)

Es un conjunto de mejores prácticas para la gestión de servicios de TI. Su objetivo es ayudar a las organizaciones a alinear los servicios de TI con las necesidades del negocio, garantizando que estos servicios aporten valor a los usuarios y clientes. ITIL cubre una amplia gama de procesos y funciones que facilitan la gestión de los servicios a lo largo de todo su ciclo de vida (GlobalSuite Solutions, 2023).

ITIL está estructurado en torno a un ciclo de vida del servicio que consta de varias etapas clave. El ciclo comienza con la estrategia del servicio, que establece cómo la organización de TI debe alinearse con los objetivos del negocio. Luego sigue el diseño del servicio, que se enfoca en crear los servicios de TI adecuados para satisfacer esas necesidades. La transición del servicio asegura que los servicios nuevos o modificados se implementen correctamente, mientras que la operación del servicio se ocupa de la entrega efectiva y eficiente de los servicios día a día. Finalmente, la mejora continua del servicio se encarga de evaluar y mejorar constantemente los procesos y servicios para aumentar el valor entregado. (Danby, 2024)

Los procesos clave que forman parte de ITIL incluyen la gestión de incidentes, que busca restaurar el servicio rápidamente cuando ocurre una interrupción, y la gestión de problemas, que trata de identificar las causas raíz de los incidentes para evitar que se repitan. Otros procesos importantes incluyen la gestión de cambios, que asegura que las modificaciones en los servicios se realicen de manera controlada, y la gestión de la capacidad, que asegura que la infraestructura de TI pueda satisfacer la demanda del servicio. (ITIL, s.f.)

Existen diferentes versiones de ITIL, y la más reciente es ITIL 4, que se adapta mejor a las metodologías ágiles y modernas, como DevOps y Lean. ITIL 4 enfatiza la cocreación de valor y la mejora continua, reconociendo la importancia de la flexibilidad y la colaboración en el contexto actual de TI (Service Tonic, s.f.).

La adopción de ITIL en una organización puede mejorar la eficiencia, aumentar la satisfacción del cliente y permitir un alineamiento más cercano entre los objetivos de TI y los objetivos estratégicos del negocio. Además, existen certificaciones en ITIL que van desde la base hasta niveles más avanzados, proporcionando a los profesionales una forma de demostrar su conocimiento y habilidades en la gestión de servicios de TI. (IBM ITIL, s.f.)

Figura 1. Ciclo de Vida de ITIL V3 [Gráfico]

Fuente: https://www.servicetonic.com/es/itil/introduccion-a-itil-v3/

Cascada (Waterfall).

Según el portal Ionos es un enfoque tradicional para la gestión de proyectos y desarrollo de software que sigue un proceso secuencial y lineal. En este modelo, cada fase del proyecto se completa antes de pasar a la siguiente, lo que permite una planificación y documentación detalladas en cada etapa (IONOS-Cascada, 2019).

Las etapas principales incluyen la recopilación de requisitos, el diseño del sistema, el desarrollo del software, las pruebas para asegurar la calidad, la implementación del sistema en el entorno real y el mantenimiento continuo para corregir errores y hacer ajustes (Asana Inc., s.f.).

Este enfoque proporciona una estructura clara y un control riguroso, pero puede ser inflexible frente a cambios en los requisitos, y los problemas detectados en fases posteriores pueden ser costosos y complicados de resolver. Es más adecuado para proyectos con requisitos bien definidos y estables (IEP, 2022).

Ágil

De acuerdo al portal Zendesk es un enfoque de gestión de proyectos que enfatiza la flexibilidad y la adaptación rápida a los cambios. A diferencia de los métodos tradicionales que siguen un proceso secuencial, la metodología Ágil se basa en ciclos cortos de desarrollo llamados iteraciones. Cada iteración resulta en una versión funcional del producto, que permite a los equipos recibir y aplicar feedback constante (Zendesk, 2023).

El enfoque Ágil promueve la colaboración estrecha entre los miembros del equipo y los clientes, asegurando que las necesidades y expectativas del cliente se reflejan en el producto final. Las reuniones regulares, como las de planificación y revisión, son comunes para ajustar el rumbo del proyecto según sea necesario (Tena, s.f.).

La metodología busca entregar valor continuamente al cliente y permite ajustar los requisitos y prioridades durante el proyecto. Esto es especialmente útil en entornos donde los requisitos pueden cambiar frecuentemente. Aunque puede haber menos enfoque en la documentación exhaustiva comparado con los métodos tradicionales, la adaptabilidad y la capacidad para incorporar cambios rápidamente son grandes ventajas del enfoque Ágil (Claudia Roca, 2021).

Scrum

Según Drumond, Scrum es un marco ágil utilizado para gestionar proyectos, especialmente en el desarrollo de software. Se basa en ciclos cortos de trabajo llamados sprints, que permiten entregar versiones incrementales del producto y ajustar el proyecto de acuerdo con el feedback recibido. En Scrum, el equipo se organiza en roles específicos: el Product Owner define los requisitos y prioridades, el Scrum Master facilita el proceso y elimina obstáculos, y el equipo de desarrollo trabaja en la implementación (Drumond, s.f.).

El proceso incluye artefactos como el Product Backlog, que es una lista priorizada de requisitos, y el Sprint Backlog, que contiene las tareas para el sprint actual. Las reuniones clave, como el Sprint Planning, Daily Scrum, Sprint Review y Sprint Retrospective, permiten la planificación continua, la coordinación diaria, la revisión del progreso y la reflexión sobre las mejoras (APD, 2024).

Scrum promueve la flexibilidad y la colaboración, asegurando que el producto evolucione de acuerdo con las necesidades del cliente y los cambios en los requisitos. Este enfoque facilita la entrega continua de valor y permite al equipo adaptarse rápidamente a nuevas prioridades y desafíos (*Scrum (Desarrollo De Software)*, s.f.).

Kanban

De acuerdo al portal de Asana, Kanban es un enfoque ágil para la gestión de proyectos que se centra en la visualización del trabajo y la mejora continua. Utiliza un tablero visual para representar el flujo de trabajo, donde las tareas se muestran en columnas que reflejan diferentes etapas del proceso, desde la entrada hasta la finalización. Este método permite que el equipo vea el estado actual de cada tarea y facilite la identificación de cuellos de botella (Asana, 2020).

En Kanban, el trabajo se organiza en tarjetas o elementos que se mueven a través de las columnas a medida que avanzan en el proceso. El sistema es flexible y permite ajustar la cantidad de trabajo en cada etapa para mejorar la eficiencia. La metodología promueve una entrega continua y una respuesta rápida a cambios, al mismo tiempo que se enfoca en la optimización del flujo de trabajo y la eliminación de desperdicios (Gilibets, 2023).

Kanban se basa en principios de gestión visual y en el enfoque de hacer mejoras incrementales para aumentar la eficiencia y la efectividad del equipo (Kanban Tool, s.f.).

Lean

En base al portal apd es una metodología de gestión centrada en la optimización de procesos para maximizar el valor entregado al cliente mientras se minimiza el desperdicio. Su objetivo es mejorar la eficiencia operativa al reducir actividades que no aportan valor, eliminando recursos innecesarios y ajustando continuamente los procesos. Esta metodología, que se originó en el sistema de producción de Toyota, se basa en la idea de que todos los aspectos de un proceso deben contribuir directamente a la creación de valor. Lean busca eliminar cualquier forma de desperdicio, como tiempos de espera, exceso de inventario, y movimientos ineficaces, para mejorar el flujo de trabajo y hacer que los recursos se utilicen de manera más efectiva (apd, 2023).

Lean promueve una cultura de mejora continua donde se busca realizar ajustes y optimizaciones constantes en los procesos. Este enfoque implica que todos los empleados, desde los niveles operativos hasta los de gestión, estén involucrados en la identificación de problemas y en la implementación de soluciones. Se fomenta la participación activa de todos los miembros de la organización, valorando sus contribuciones para hacer mejoras que optimicen el rendimiento general. Además, Lean se enfoca en la creación de flujos de trabajo más eficientes, evitando interrupciones y tiempos de inactividad. La metodología organiza el trabajo de tal manera que los recursos y materiales se utilicen de forma continua y efectiva, facilitando un proceso más fluido y menos propenso a retrasos (Humanes & Reyes, 2019).

En términos de producción, Lean utiliza el concepto de producción justo a tiempo (JIT), que minimiza los inventarios y reduce el tiempo de ciclo al producir y entregar solo lo que se necesita en el momento preciso. Este enfoque ayuda a reducir los costos asociados con el almacenamiento y el exceso de inventario, optimizando el proceso de producción para satisfacer las demandas del cliente de manera más eficiente (*¿Qué Es La Metodología Lean?*, s.f.).

Six Sigma

Según Santos, Six Sigma es una metodología de gestión orientada a la mejora continua y a la optimización de procesos. Su objetivo principal es reducir la variabilidad y eliminar defectos para alcanzar niveles de calidad extremadamente altos. La metodología utiliza un enfoque basado en datos y herramientas estadísticas para analizar y mejorar procesos, con el fin de minimizar errores y mejorar la eficiencia (Santos, 2024).

Six Sigma se implementa a través de un ciclo de mejora continua que involucra la definición del problema, la medición del desempeño actual, el análisis de datos para identificar causas de problemas, la implementación de mejoras y el control de los resultados para asegurar que las mejoras se mantengan en el tiempo. Se aplica en diversas industrias para mejorar la calidad del producto o servicio, aumentar la satisfacción del cliente y optimizar los procesos operativos (Flores, 2023) (Asana-Six Sigma, 2024).

DevOps

De acuerdo al portal NetApp enfatiza la importancia de la cooperación continua y la alineación de objetivos entre desarrollo y operaciones. Este enfoque busca romper las barreras que históricamente han existido entre estos dos grupos, facilitando una comunicación abierta y un entendimiento compartido de las metas y desafíos del proyecto. Uno de los pilares de DevOps es la automatización. Automatizar tareas repetitivas y propensas a errores, como la integración de código, las pruebas y el despliegue, ayuda a acelerar el ciclo de desarrollo y reduce la posibilidad de errores humanos. La automatización permite una entrega continua y una mayor consistencia en la calidad del software (NetApp, s.f.).

La Integración Continua (CI) y la Entrega Continua (CD) son prácticas clave dentro de DevOps. La Integración Continua implica integrar el código de manera frecuente en un repositorio compartido, con el objetivo de detectar errores y problemas de integración de manera temprana. La Entrega Continua amplía este concepto al automatizar el proceso de despliegue, permitiendo que el software esté siempre en un estado de preparación para ser liberado a producción en cualquier momento (*Metodología DevOps 1*, 2023).

DevOps también hace hincapié en el monitoreo continuo y la retroalimentación. Implementar sistemas de monitoreo permite a los equipos rastrear el rendimiento del software en tiempo real, identificar problemas rápidamente y obtener información valiosa para realizar ajustes y mejoras. La retroalimentación constante es crucial para realizar iteraciones rápidas y ajustarse a las necesidades cambiantes de los usuarios y del mercado. Finalmente, DevOps promueve una cultura de mejora continua. Al revisar regularmente los procesos, recopilar datos y aplicar lecciones aprendidas, los equipos pueden identificar áreas de mejora y ajustar sus prácticas para aumentar la eficiencia y la calidad del software (arsys - DevOps, 2023).

Metodologías de Desarrollo de Software

Modelo Espiral

Según el portal IONOS el Modelo en Espiral es una metodología de desarrollo de software que se caracteriza por su enfoque iterativo e incremental, y es especialmente útil para proyectos complejos y grandes. El Modelo en Espiral se basa en la idea de que el desarrollo de software puede ser visto como una serie de ciclos o "espirales" en lugar de un proceso lineal. Cada ciclo del modelo incluye varias fases que se repiten a lo largo del proyecto. Cada espiral comienza con la planificación, donde se definen los objetivos y se identifican los riesgos asociados al proyecto. Luego, se realiza un análisis de requisitos y se desarrolla un prototipo o una versión inicial del sistema. Después de esto, se lleva a cabo una evaluación y revisión del prototipo para determinar si cumple con los requisitos y expectativas. Finalmente, se planifica el siguiente ciclo del espiral basándose en los resultados obtenidos (IONOS-Espiral, s.f.).

Este enfoque permite ajustar y refinar el sistema a lo largo del desarrollo, adaptándose a cambios en los requisitos y en el entorno. La metodología también pone un fuerte énfasis en la gestión de riesgos, lo que ayuda a identificar y mitigar problemas potenciales desde las primeras etapas del proyecto. La iteración constante y la revisión continua aseguran que el producto final se alinee mejor con las necesidades y expectativas del cliente (Ryte, s.f.).

El Modelo en Espiral es especialmente valioso en proyectos donde los requisitos pueden cambiar con el tiempo o donde se requiere una mayor flexibilidad y adaptación. Aunque puede ser más complejo y costoso que otras metodologías debido a su enfoque iterativo y a la necesidad de una planificación y revisión constantes, proporciona un marco robusto para gestionar proyectos de software de gran envergadura (Deloitte Touche Tohmatsu Limited, s.f.).

Figura 2. Corvo, H.M. Modelo espiral [Gráfico].

Fuente: https://www.lifeder.com/modelo-espiral/

Desarrollo Ágil

De acuerdo a Drumond el desarrollo ágil es una metodología para la gestión y el desarrollo de proyectos de software que se centra en la adaptabilidad, la colaboración y la entrega continua de valor. A diferencia de los enfoques tradicionales, que a menudo siguen un modelo secuencial y rígido, el desarrollo ágil se basa en ciclos iterativos e incrementales. En el enfoque ágil, el trabajo se organiza en ciclos cortos llamados iteraciones o sprints. Cada iteración dura típicamente entre dos y cuatro semanas y culmina en la entrega de una versión funcional del producto. Este enfoque permite a los equipos de desarrollo obtener retroalimentación temprana y frecuente de los clientes, lo que facilita la identificación y corrección de problemas antes de que se conviertan en obstáculos significativos (Drumond-Ágil, s.f.).

Figura 3. (2023) Principios de la metodología agile en el desarrollo de proyectos [Gráfico].

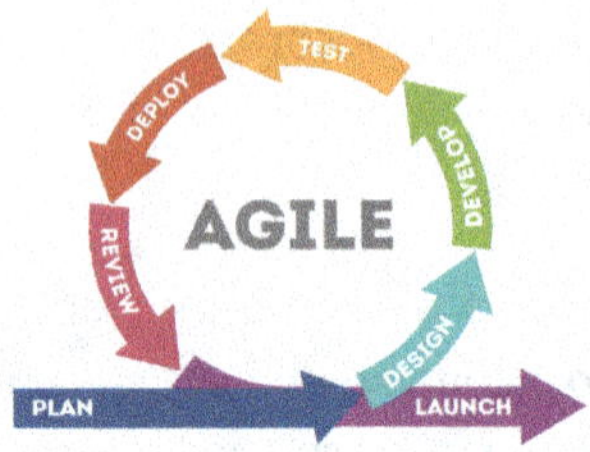

Fuente: https://www.cognodata.com/blog/principios-metodologia-agile-desarrollo-proyectos/

La metodología ágil promueve una comunicación constante y efectiva entre los miembros del equipo y los clientes. Los equipos trabajan de manera colaborativa y autoorganizada, con miembros que aportan una variedad de habilidades y perspectivas. Este entorno de trabajo fomenta una alta cohesión y permite a los equipos adaptarse rápidamente a los cambios en los requisitos del proyecto. Una de las principales ventajas del desarrollo ágil es su capacidad para gestionar la incertidumbre y los cambios. Los requisitos pueden evolucionar a lo largo del proyecto, y el enfoque ágil permite a los equipos ajustar sus prioridades y enfoques según sea necesario. Esto es particularmente útil en entornos dinámicos donde las necesidades de los clientes pueden cambiar o cuando se descubren nuevas oportunidades durante el desarrollo (Red Hat, 2022).

Los principios ágiles también enfatizan la importancia de entregar valor continuamente al cliente. En lugar de esperar hasta el final del proyecto para entregar un producto completo, el desarrollo ágil se enfoca en ofrecer incrementos de funcionalidad que aporten valor a lo largo del proceso. Esto no solo ayuda a mantener al cliente satisfecho, sino que también permite a los equipos de desarrollo ajustar el rumbo del proyecto en función de la retroalimentación recibida (Zendesk, 2023).

Desarrollo en V (V-Model)

Según el portal Linked el modelo en V, o V-Model, es una metodología de desarrollo de software que se basa en un enfoque secuencial para la gestión y ejecución de proyectos. Se llama "modelo en V" debido a su representación gráfica, que se asemeja a la forma de la letra V. Esta metodología destaca por su estructura de desarrollo y verificación, donde cada fase de desarrollo se asocia directamente con una fase de prueba correspondiente. En el modelo en V, el proceso comienza con la definición de requisitos y planificación. Una vez que se establecen los requisitos, se procede a la fase de diseño, que incluye tanto el diseño de alto nivel como el diseño detallado. A continuación, el desarrollo se realiza según estos diseños, creando el software en sí (Linked in, 2023).

Simultáneamente, se planifican y preparan las pruebas en cada etapa del diseño. Esto significa que para cada fase de desarrollo, hay una fase de prueba correspondiente que valida y verifica el trabajo realizado. Por ejemplo, el diseño de alto nivel se valida mediante pruebas de integración y el diseño detallado se verifica con pruebas unitarias. Una vez que el software está desarrollado, se realizan las pruebas de sistema y de aceptación para asegurar que el producto cumple con los requisitos iniciales y funciona correctamente en el entorno previsto. La fase final implica la implementación y el mantenimiento del software, donde se realizan ajustes y correcciones según sea necesario (IONOS-Modelo V, 2020).

Figura 4. Jain, S. (2025) SDLC V-Model – Software Engineering [Gráfico].

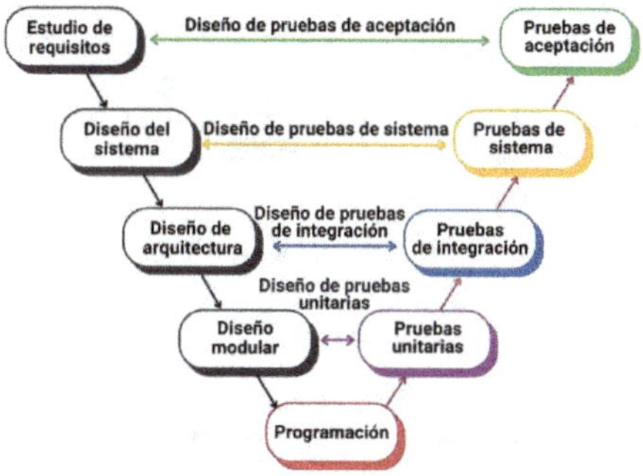

Fuente: https://www.geeksforgeeks.org/software-engineering-sdlc-v-model/?ref=lbp

El modelo en V es conocido por su énfasis en la verificación y validación tempranas y a lo largo de todo el proceso. Aunque es un enfoque estructurado y rígido, su principal ventaja es que cada fase del desarrollo está claramente definida y relacionada con una fase de prueba correspondiente, lo que ayuda a asegurar la calidad y la conformidad del producto final con los requisitos del cliente (Aptiv, 2023).

Programación Extrema (XP)

Según el portal Asana la programación Extrema (XP) es una metodología ágil que se enfoca en mejorar la calidad del software y la capacidad de adaptación a cambios mediante prácticas técnicas y colaborativas rigurosas. Se basa en la entrega continua de valor y en la adaptación rápida a los requisitos cambiantes del cliente. XP promueve una comunicación constante entre los miembros del equipo y con los clientes para asegurar que todos estén alineados con los objetivos del proyecto. El desarrollo se realiza en ciclos cortos, lo que permite la entrega frecuente de funcionalidades y la incorporación de retroalimentación temprana (Asana-Programación Extrema, s.f.).

Figura 5. Metodología XP o Programación Extrema: ¿Qué es y cómo aplicarla? [Gráfico].

Fuente: https://www.sinnaps.com/blog-gestion-proyectos/metodologia-xp#google_vignette

Una característica distintiva de XP es la programación en parejas, donde dos desarrolladores trabajan juntos en el mismo código. Esto fomenta la revisión continua y el intercambio de conocimientos. Además, XP hace hincapié en el desarrollo basado en pruebas, asegurando que el código sea probado a medida que se desarrolla para mantener la calidad y detectar problemas rápidamente (sinnaps, s.f.).

La metodología también valora la simplicidad en el diseño del software, promoviendo soluciones que son fáciles de entender y mantener. En general, XP busca mejorar la eficiencia del proceso de desarrollo, adaptarse a los cambios y asegurar la satisfacción del cliente mediante prácticas rigurosas y colaborativas (nimble, s.f.).

Desarrollo Basado en Componentes (CBD)

En base a Capterra el desarrollo basado en componentes (CBD) es una metodología que se centra en construir sistemas de software utilizando componentes modulares y reutilizables. En lugar de desarrollar el software desde cero, CBD utiliza componentes preexistentes que encapsulan funcionalidades específicas y que pueden ser ensamblados para crear aplicaciones completas (Capterra, s.f.).

Cada componente en CBD es una unidad autónoma que tiene una interfaz claramente definida, lo que facilita su integración con otros componentes. Esto permite que los componentes sean reutilizados en diferentes sistemas, lo que puede reducir el tiempo y los costos de desarrollo y mejorar la calidad del software. En el proceso de CBD, se identifican y seleccionan componentes que pueden ser reutilizados y luego se ensamblan en un sistema coherente. Durante el desarrollo, se realiza un diseño enfocado en cómo los componentes interactúan y se comunican entre sí. Posteriormente, se llevan a cabo pruebas para asegurar que tanto los componentes individuales como su integración en el sistema funcionen correctamente (Velasco, 2009).

El mantenimiento y la actualización del software se simplifican en CBD, ya que los componentes pueden ser modificados o reemplazados sin necesidad de rehacer el sistema completo. Aunque CBD ofrece ventajas significativas en términos de eficiencia y flexibilidad, también puede presentar desafíos como la gestión de la compatibilidad entre componentes y la dependencia de componentes externos (SCRIBD, s.f.).

Desarrollo de Prototipos

Según el portal Prezi el desarrollo de prototipos es una metodología de software que se enfoca en crear versiones preliminares del producto para explorar ideas, probar conceptos y obtener retroalimentación temprana. Esta metodología se basa en la construcción de modelos funcionales del software, conocidos como prototipos, que permiten a los usuarios interactuar con una representación inicial del producto (Prezi, s.f.).

El proceso comienza con la creación de un prototipo que refleja las características y funcionalidades clave del sistema. Este prototipo no es el producto final, sino una herramienta para visualizar y evaluar cómo se comportará el software en la práctica. A medida que se avanza en el desarrollo, el prototipo se ajusta y se mejora con base en la retroalimentación recibida de los usuarios y los stakeholders. El desarrollo de prototipos permite identificar problemas y realizar ajustes antes de la construcción completa del sistema. Esto ayuda a alinear el producto final con las expectativas del usuario y reduce el riesgo de malentendidos sobre los requisitos. También facilita la exploración de diferentes soluciones y enfoques, permitiendo a los desarrolladores y usuarios evaluar distintas opciones y tomar decisiones informadas (EcuRed, s.f.).

Figura 6. Modelos basados en Prototipos [Gráfico].

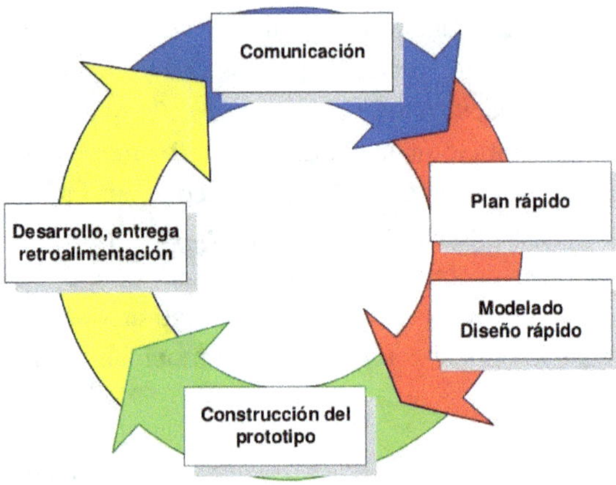

Fuente: https://www.goconqr.com/diapositiva/3204595/modelos-basados-en-protitipos

A lo largo del proceso, los prototipos pueden evolucionar en iteraciones sucesivas, cada una incorporando mejoras y refinamientos basados en la retroalimentación y los hallazgos de la fase anterior. Este enfoque iterativo y adaptativo facilita la creación de un producto final que cumple de manera más precisa con las necesidades y deseos de los usuarios (hostingplus, 2021).

Desarrollo en Iteraciones (Iterative Development)

De acuerdo a los portales Intuit el desarrollo en iteraciones, o desarrollo iterativo, es una metodología de gestión de proyectos de software que se basa en la repetición cíclica de fases de desarrollo para crear y refinar el producto. En lugar de seguir un enfoque secuencial y lineal, el desarrollo iterativo divide el proceso en ciclos repetidos, cada uno de los cuales produce una versión del producto que se puede evaluar y ajustar (Intuit, s.f.).

En el desarrollo iterativo, el trabajo se organiza en iteraciones o ciclos, que son períodos de tiempo relativamente cortos durante los cuales se desarrollan y entregan incrementos de funcionalidad del software. Cada iteración comienza con una planificación, en la que se definen los objetivos y el alcance de esa fase específica. A continuación, se lleva a cabo el diseño, desarrollo y pruebas del incremento de funcionalidad. Al final de cada iteración, se revisa el producto entregado con los stakeholders para obtener retroalimentación. Esta revisión permite identificar problemas, hacer ajustes y adaptar los requisitos según sea necesario. Con base en esta retroalimentación, el equipo planifica la siguiente iteración, incorporando mejoras y realizando ajustes en el diseño y el enfoque del desarrollo (proyectosagiles, s.f.).

Este proceso de repetición y refinamiento continúa hasta que el producto alcanza un estado satisfactorio y cumple con los requisitos del cliente. La metodología iterativa permite una mayor flexibilidad y adaptabilidad durante el desarrollo, ya que los equipos pueden responder rápidamente a cambios en los requisitos o en el entorno del proyecto. Además, proporciona oportunidades para identificar y resolver problemas de manera temprana, lo que puede mejorar la calidad del producto final y reducir el riesgo de desviaciones significativas en el proyecto. (jmbeas, 2019)

Desarrollo Dirigido por Pruebas (TDD - Test-Driven Development)

En base al autor Esteban y la universidad de Carlemany el Desarrollo Dirigido por Pruebas (TDD) es una metodología que se basa en escribir pruebas antes de desarrollar el código funcional. En este enfoque, el proceso comienza con la creación de una prueba que define el comportamiento esperado de una funcionalidad específica. Inicialmente, esta prueba no pasará porque la funcionalidad aún no está implementada (Esteban Gabriel Maida, s.f.).

Una vez que se ha escrito la prueba, se desarrolla el código necesario para que esta prueba pase. La implementación se realiza con el objetivo de cumplir únicamente con los requisitos definidos por la prueba, evitando añadir funcionalidades innecesarias (Solera, 2022).

Después de desarrollar el código, se ejecutan todas las pruebas para asegurarse de que la nueva funcionalidad funciona como se espera y que no se han introducido errores en el código existente. Si la prueba pasa, se procede a refactorizar el código para mejorar su estructura y diseño sin alterar su funcionalidad (Universitat Carlemany, 2024).

Figura 7. TDD [Gráfico].

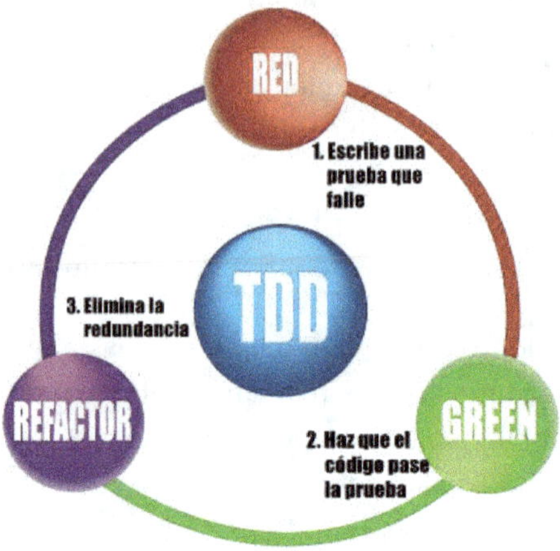

Fuente: https://mindwaresrl.com/2015/10/18/introduccion-al-desarrollo-guiado-por-pruebas-tdd/

El ciclo de escribir pruebas, implementar código, ejecutar pruebas y refactorizar se repite continuamente a lo largo del desarrollo del software. Este enfoque permite mantener un alto nivel de calidad en el código, facilita la detección temprana de errores y asegura que el software cumpla con los requisitos especificados (Nimblework, s.f.).

Tipos de Aplicaciones

Escritorio

Según el portal español las aplicaciones de escritorio son programas diseñados para ejecutarse en computadoras de escritorio o portátiles. Estas aplicaciones pueden clasificarse en varios tipos, cada uno con su propósito específico. Algunas de las categorías más comunes incluyen aplicaciones de productividad, como procesadores de texto y hojas de cálculo, que ayudan a los usuarios a realizar tareas relacionadas con el trabajo y la organización. También hay aplicaciones de comunicación, como clientes de correo electrónico y herramientas de mensajería instantánea, que facilitan la interacción entre personas (Euroinnova España, s.f.).

Las aplicaciones multimedia incluyen editores de imágenes y video, así como reproductores de medios, y se utilizan para crear, editar y reproducir contenido multimedia. Las aplicaciones de diseño y modelado se centran en el diseño gráfico y el modelado 3D, ofreciendo herramientas para la creación de gráficos y animaciones. En el ámbito del desarrollo, los entornos de desarrollo integrados (IDE) y editores de texto ayudan a los programadores a escribir y gestionar código. Las aplicaciones de gestión de datos, como bases de datos y herramientas de análisis estadístico, se usan para manejar y analizar información. También existen aplicaciones de seguridad, que protegen los sistemas y datos del usuario, y aplicaciones de utilidades del sistema, que ayudan en la gestión y mantenimiento del sistema operativo (tecnoempresa, 2024).

Figura 8. APPS DE WINDOWS [Gráfico].

Fuente: http://blogs.itpro.es/octaviordz/2013/12/20/ver-las-apps-de-windows-88-120122012r2-en-el-escritorio/

Por último, las aplicaciones de juegos están diseñadas para el entretenimiento y el ocio, abarcando desde juegos de acción hasta simuladores y juegos de rol. Cada tipo de aplicación de escritorio tiene características específicas adaptadas a diferentes necesidades y usos (Buyto, s.f.) .

Web

De acuerdo al portal AWS y Franzolini las aplicaciones web son programas accesibles a través de un navegador web y se ejecutan en servidores remotos, en lugar de instalarse localmente en un ordenador. Estas aplicaciones pueden incluir herramientas de productividad, como procesadores de texto y hojas de cálculo que permiten a los usuarios crear y editar documentos en línea. También abarcan aplicaciones de comunicación, como clientes de correo electrónico y plataformas de mensajería que facilitan la interacción y colaboración (AWS-Aplicación Web, s.f.).

Figura 9. (2019) Introducción al Desarrollo Web: Aplicaciones WEB [Gráfico].

Fuente: https://studentplace98.blogspot.com/2019/02/Aplicaciones-WEB.html

Además, las aplicaciones web pueden ofrecer servicios multimedia, como plataformas de streaming de video y música que permiten reproducir contenido sin necesidad de instalar software adicional. También existen aplicaciones web orientadas al comercio electrónico, que permiten a los usuarios comprar productos y servicios en línea, así como aplicaciones para redes sociales, que facilitan la creación y gestión de perfiles y la interacción con otros usuarios (Buyto, s.f.).

Otra categoría importante es la de aplicaciones de gestión de datos y análisis, que permiten a los usuarios gestionar bases de datos y realizar análisis de datos a través del navegador. Las aplicaciones web se caracterizan por su accesibilidad desde cualquier dispositivo con conexión a Internet, lo que las hace versátiles y convenientes para una amplia variedad de usos (Franzolini, 2023).

Móviles

De acuerdo a los portales Softcorp las aplicaciones móviles son programas diseñados para ejecutarse en smartphones y tabletas. Estas aplicaciones están diseñadas para aprovechar las capacidades de los dispositivos móviles, como pantallas táctiles, cámaras y sensores de ubicación. Pueden incluir una amplia variedad de tipos, como herramientas para la productividad que ayudan a gestionar tareas y documentos, aplicaciones para la comunicación que facilitan el correo electrónico y el chat en tiempo real, y plataformas de entretenimiento que ofrecen streaming de video y música (Softcorp, s.f.).

También abarcan aplicaciones para redes sociales que permiten la interacción y compartición de contenido, aplicaciones de comercio electrónico para realizar compras en línea, y herramientas para la salud y el bienestar que ayudan a rastrear la actividad física y gestionar el estrés.

Figura 10. web-design-mobile [Gráfico].

Fuente: https://fineartamerica.com/featured/web-twigs-web-design-mobile-app-internet-marketing-webtwigs.html?product=poster

Además, existen aplicaciones de navegación que proporcionan direcciones y planificación de rutas, y aplicaciones financieras que ayudan a gestionar cuentas y presupuestos. Cada tipo de aplicación móvil está diseñada para ofrecer funcionalidades específicas que se adaptan a las necesidades y preferencias de los usuarios en sus dispositivos móviles (SERVISOFTCORP, s.f.).

Estas aplicaciones se pueden descargar e instalar desde las tiendas de aplicaciones correspondientes a cada plataforma móvil, como App Store para iOS y Google Play Store para Android (ideascreativas, s.f.).

Arquitectura de software

3 Capas

De acuerdo a Ibero y Duran, la arquitectura de software de tres capas es un modelo de diseño que organiza un sistema de software en tres niveles o componentes interrelacionados. Cada uno de estos niveles tiene funciones específicas y responsabilidades claras, lo que permite una estructura modular y una separación clara de las preocupaciones. Esta arquitectura se utiliza ampliamente en el desarrollo de aplicaciones empresariales y sistemas distribuidos debido a su capacidad para mejorar la mantenibilidad, escalabilidad y reutilización del código (Ibero, s.f.).

En esta arquitectura, el sistema se divide en tres capas distintas, cada una con su propio propósito y conjunto de funcionalidades. Estas capas son diseñadas para interactuar entre sí de manera coordinada, pero sin acoplamiento directo. Esto significa que cada capa puede ser desarrollada, probada y desplegada de forma independiente, lo que facilita la colaboración entre equipos de desarrollo y la evolución del sistema a lo largo del tiempo (Durán, 2023).

La arquitectura de tres capas promueve la modularidad, la flexibilidad y la escalabilidad del sistema, lo que facilita la adaptación a cambios en los requisitos del negocio y la incorporación de nuevas funcionalidades. Además, proporciona una clara separación de las responsabilidades, lo que facilita la comprensión del sistema y la identificación de posibles problemas (*Arquitectura De Tres Niveles*, s.f.).

La arquitectura de software de tres capas es un enfoque de diseño que organiza un sistema de software en tres niveles distintos, cada uno con funciones específicas y responsabilidades claras. Esto permite una estructura modular, una separación clara de preocupaciones y una mayor flexibilidad y escalabilidad del sistema (SIREGOB, s.f.).

Figura 11. Arquitectura de tres niveles **[Gráfico].**

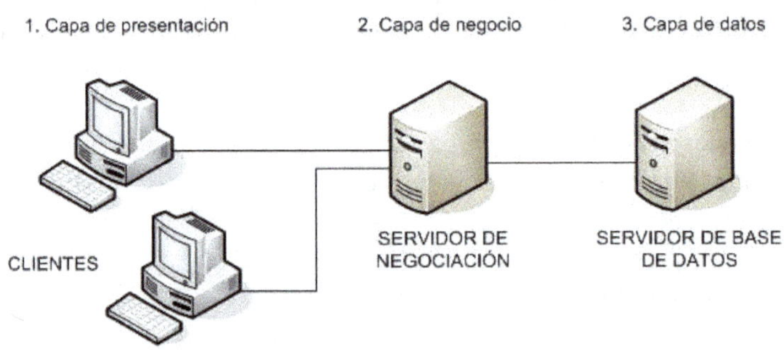

Fuente: https://www.ecured.cu/Arquitectura_de_tres_niveles

Arquitectura Modelo–vista–controlador

Conforme a Hernández la arquitectura Modelo-Vista-Controlador (MVC) es un patrón de diseño de software que organiza un sistema de aplicación en tres componentes interconectados: el Modelo, la Vista y el Controlador. Cada uno de estos componentes tiene un propósito específico y está diseñado para manejar diferentes aspectos de la aplicación de manera separada y modular. El Modelo representa la lógica de negocio y los datos de la aplicación. Es responsable de acceder a la base de datos, realizar operaciones de consulta y actualización, y aplicar la lógica empresarial para procesar y manipular los datos. El Modelo es independiente de la interfaz de usuario y de la lógica de presentación, lo que facilita la reutilización y la prueba de la lógica de negocio (Hernandez, 2021).

La Vista es responsable de la presentación de la interfaz de usuario y la visualización de los datos al usuario. Muestra la información al usuario de una manera comprensible y atractiva, y responde a las acciones del usuario, como clics de botón o entradas de formulario. La Vista no contiene lógica de negocio, sino que se limita a mostrar los datos proporcionados por el Modelo y a enviar eventos al Controlador.

El Controlador actúa como intermediario entre el Modelo y la Vista. Se encarga de manejar las solicitudes del usuario, procesar la entrada del usuario, interactuar con el Modelo para realizar operaciones de consulta o actualización, y actualizar la Vista con los datos resultantes. El Controlador es responsable de coordinar la interacción entre el Modelo y la Vista, asegurando que la lógica de negocio se aplique correctamente y que la interfaz de usuario refleje correctamente el estado del sistema (MVC, 2023).

***Figura 12.* García, M. (2017). *MVC (Modelo-Vista-Controlador)* [Gráfico].**

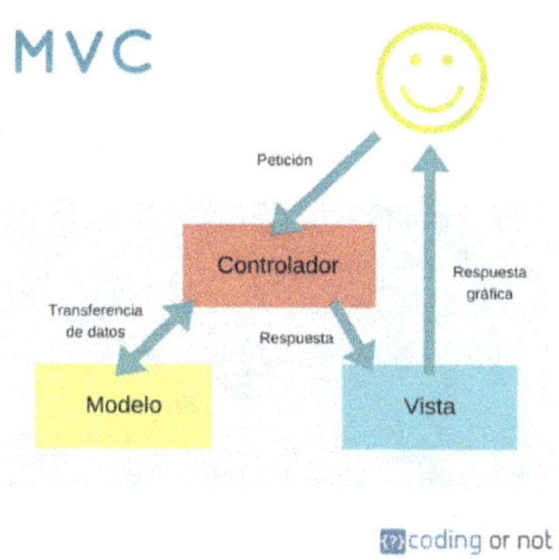

Fuente: https://codingornot.com/mvc-modelo-vista-controlador-que-es-y-para-que-sirve

La arquitectura MVC promueve la separación de preocupaciones y la modularidad del sistema, lo que facilita el desarrollo, la mantenibilidad y la evolución de la aplicación a lo largo del tiempo. Permite que cada componente sea desarrollado, probado y desplegado de forma independiente, lo que facilita la colaboración entre equipos de desarrollo y la gestión del ciclo de vida del software. En resumen, la arquitectura MVC es un enfoque de diseño que organiza un sistema de aplicación en tres componentes interconectados, cada uno con un propósito específico y responsabilidades claras (MVC (Model, View, Controller), s.f.).

Arquitectura de microservicios

Según Harris y el portal Microsoft Lean la arquitectura de microservicios es un enfoque de diseño de software que organiza una aplicación como un conjunto de servicios pequeños e independientes, cada uno ejecutando un proceso único y enfocado en una tarea específica del negocio. Cada servicio en una arquitectura de microservicios se desarrolla, despliega y escala de forma independiente, lo que permite a los equipos de desarrollo trabajar de manera ágil y autónoma. Además, cada servicio puede estar implementado utilizando diferentes tecnologías y lenguajes de programación según las necesidades específicas de la tarea que realiza (Harris, s.f.).

La arquitectura de microservicios promueve la modularidad, la flexibilidad y la escalabilidad del sistema. Permite que una aplicación sea dividida en componentes más pequeños y manejables, lo que facilita su desarrollo, mantenimiento y evolución a lo largo del tiempo. Además, al separar funcionalidades en servicios individuales, se reduce el riesgo de acoplamiento excesivo y se mejora la resiliencia del sistema, ya que los fallos en un servicio no afectan necesariamente a otros (decide, 2019).

***Figura 13. Microservicios* [Gráfico].**

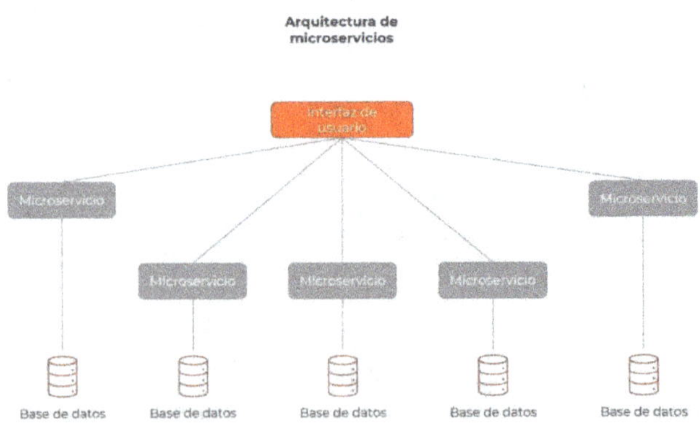

Fuente: https://www.valtx.pe/blog/microservicios-en-desarrollo-de-software-que-son-y-porque-adoptarlos

Sin embargo, la arquitectura de microservicios también introduce desafíos adicionales en términos de coordinación, gestión de la complejidad y garantía de la coherencia de los datos en un entorno distribuido. Requiere un enfoque cuidadoso en cuanto a la definición de los límites de los servicios, la gestión de la comunicación entre ellos y la implementación de estrategias de monitoreo y administración para asegurar un funcionamiento adecuado del sistema en su conjunto (intel, s.f.).

La arquitectura de microservicios es un enfoque de diseño de software que organiza una aplicación en un conjunto de servicios pequeños e independientes, cada uno enfocado en una tarea específica del negocio y comunicándose a través de interfaces bien definidas. Ofrece ventajas en términos de modularidad, flexibilidad y escalabilidad, pero también plantea desafíos adicionales en términos de coordinación y gestión de la complejidad (Microsoft Learn, s.f.).

Monolítica

De acuerdo al portal AWS es un estilo de diseño de software en el que toda la funcionalidad de una aplicación se integra en una única unidad indivisible. En este enfoque, todos los componentes de la aplicación, como la interfaz de usuario, la lógica de negocio y el acceso a datos, están unidos en una sola base de código (AWS-Monolítico, s.f.).

En una arquitectura monolítica, la aplicación se desarrolla, prueba y despliega como un único bloque. Esto significa que cualquier cambio en la aplicación requiere la actualización y despliegue completo del sistema. La base de código única puede simplificar el desarrollo inicial y la gestión en etapas tempranas del proyecto, ya que todo el código reside en un solo lugar y no se requiere una infraestructura compleja (Alejandro Wagner, 2023).

Sin embargo, este enfoque puede presentar desafíos a medida que la aplicación crece. La escalabilidad se realiza generalmente mediante la mejora del hardware en lugar de distribuir la carga entre múltiples servicios. Además, la evolución y el mantenimiento pueden volverse difíciles debido al fuerte acoplamiento entre componentes, lo que puede hacer que cualquier cambio afecte a toda la aplicación. A pesar de sus ventajas en términos de simplicidad y menor sobrecarga inicial, las aplicaciones monolíticas pueden enfrentar problemas de mantenimiento y escalabilidad en el largo plazo, especialmente cuando se trata de sistemas grandes y complejos (*Arquitectura Monolítica*, 2023).

Figura 14. Monolítica **[Gráfico].**

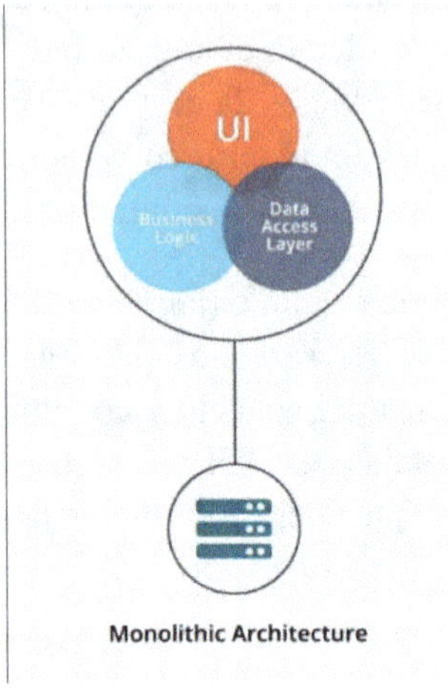

Fuente: https://issuu.com/licciend22/docs/revista_liccien

Cliente-Servidor

En base al autor Oscar Blancarte es un modelo de diseño en el que las funciones y responsabilidades se dividen entre dos entidades principales: el cliente y el servidor. En este modelo, el cliente es el componente que solicita recursos o servicios, mientras que el servidor proporciona esos recursos o servicios. El cliente hace peticiones al servidor a través de una red, y el servidor responde a esas peticiones procesando la información o realizando operaciones requeridas. Esta arquitectura permite la separación de las tareas de presentación y gestión de datos, lo que facilita la administración y escalabilidad de sistemas (Oscar Blancarte, s.f.).

Los clientes pueden ser aplicaciones o dispositivos que interactúan con el servidor para acceder a datos, ejecutar funciones o recibir servicios. Por otro lado, el servidor es responsable de gestionar las solicitudes de los clientes, procesar la información y devolver respuestas. Esta separación de responsabilidades ayuda a distribuir la carga de trabajo y a mejorar la eficiencia en el manejo de recursos (arsys-ACS, 2024).

Figura 15. El modelo cliente servidor [Gráfico].

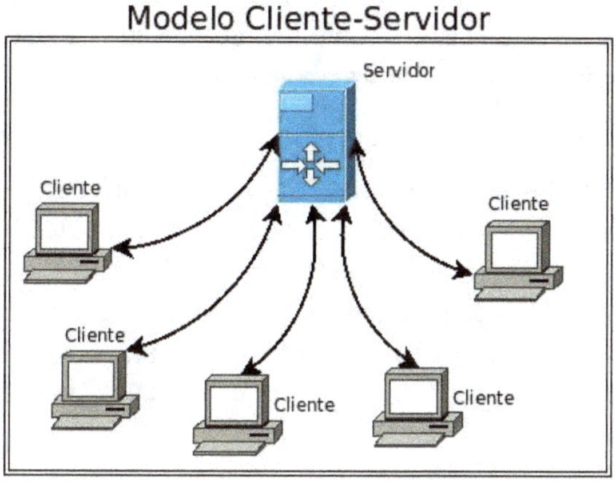

Fuente: https://es.scribd.com/document/584592720/SOAPS-EN-RED

El modelo cliente-servidor es ampliamente utilizado en aplicaciones web, sistemas de bases de datos y muchas otras áreas donde se requiere la interacción entre distintos componentes a través de una red (NUCBA, 2021).

Arquitectura Orientada a Servicios (SOA)

De acuerdo al portal AOS es un enfoque para diseñar y construir sistemas de software que organizan las funciones y recursos en unidades llamadas servicios. Estos servicios son independientes y tienen interfaces definidas que permiten la comunicación entre ellos a través de una red (*¿Qué Es AOS?*, s.f.).

Figura 16. SOA [Gráfico].

Fuente: https://yamilpo.wordpress.com/2016/08/21/soa-arquitectura-orientada-al-servicio/

En una arquitectura SOA, los servicios pueden ser reutilizados y compartidos entre diferentes aplicaciones, facilitando la integración y la interoperabilidad entre sistemas diversos. Los servicios interactúan a través de protocolos estándar, lo que permite que diferentes tecnologías y plataformas se conecten y trabajen juntas (Red Hat-SOA, 2023).

La independencia de los servicios en SOA significa que pueden ser desarrollados, implementados y escalados por separado, lo que ofrece flexibilidad y facilita la modificación o actualización de componentes sin afectar al sistema en su totalidad. Este enfoque modular también permite que los servicios sean reutilizados en diferentes contextos, optimizando el uso de recursos y reduciendo la redundancia (beservices, s.f.).

Arquitectura basada en eventos

Basado en Alexander de diseño de sistemas de software en el que la comunicación y coordinación se basan en la generación y manejo de eventos. En este modelo, los componentes del sistema se comunican a través de eventos, que son señales o mensajes que indican que algo ha ocurrido o que se necesita una acción. Los eventos son enviados por productores y recibidos por consumidores. Los productores envían eventos a un canal o bus de eventos, y los consumidores se suscriben para recibir eventos que les interesan. Este enfoque permite que los componentes del sistema estén desacoplados, ya que los emisores de eventos no necesitan conocer los detalles de cómo los eventos serán procesados ni quién los recibirá (Alexander, s.f.).

La arquitectura basada en eventos facilita la escalabilidad, ya que puede manejar grandes volúmenes de eventos y adaptarse a cambios sin necesidad de modificar los componentes que no están directamente relacionados. También mejora la resiliencia del sistema, ya que las fallas en un componente no afectan directamente a otros (*Arquitectura Basada En Eventos*, s.f.).

Este enfoque es utilizado en diversos contextos, como en sistemas de mensajería, comercio electrónico y aplicaciones de Internet de las Cosas (IoT), donde es crucial tener un sistema flexible y capaz de manejar eventos en tiempo real (AWS-EDA, s.f.).

Arquitectura sin servidor (Serverless)

Según el portal este modelo es para desarrollar aplicaciones en la nube que elimina la necesidad de gestionar servidores. En lugar de preocuparse por la infraestructura del servidor, los desarrolladores escriben y despliegan código que se ejecuta en respuesta a eventos específicos. Este modelo permite que las funciones sean ejecutadas de manera automática y escalada según la demanda (*Arquitecturas Sin Servidor*, s.f.).

En este tipo de arquitectura, los proveedores de servicios en la nube se encargan de la administración de los servidores, la escalabilidad y el mantenimiento, lo que simplifica la operación del sistema y reduce la necesidad de intervención manual en la infraestructura. Los desarrolladores solo pagan por el tiempo de ejecución de sus funciones y no por recursos o servidores inactivos (campusmvp.es, 2017).

Las aplicaciones basadas en arquitectura sin servidor pueden responder a una variedad de eventos, como solicitudes de usuarios, cambios en bases de datos o mensajes en sistemas de colas. Esta aproximación permite una gran flexibilidad y agilidad en el desarrollo, ya que se enfoca en la implementación de la lógica de negocio sin preocuparse por la infraestructura subyacente (OpenWebinars, s.f.).

Lenguajes y Tecnologías de Programación

Visual C#

De acuerdo al portal TRBL Visual C# es un lenguaje de programación desarrollado por Microsoft como parte de su plataforma .NET. C# es un lenguaje de programación moderno, orientado a objetos y de propósito general que se caracteriza por su facilidad de uso, flexibilidad y potencia. C# Se diseñó para ser simple y elegante, pero también robusto y versátil, lo que lo hace adecuado para una amplia gama de aplicaciones, desde desarrollo de aplicaciones de escritorio hasta aplicaciones web y móviles. Este lenguaje ofrece una sintaxis clara y concisa que facilita la escritura de código limpio y legible (TRBL, s.f.).

C# Es especialmente conocido por su integración con el entorno de desarrollo integrado (IDE) de Microsoft, Visual Studio, que ofrece un conjunto completo de herramientas y servicios para el desarrollo de software (Tutoriales de Visual Studio | C#, s.f.). Visual Studio proporciona un entorno de desarrollo intuitivo y productivo que facilita la creación, depuración y mantenimiento de aplicaciones escritas en C#. , además, C# se beneficia de la amplia gama de bibliotecas y frameworks disponibles en la plataforma .NET, lo que permite a los desarrolladores aprovechar al máximo las capacidades de la plataforma y acelerar el desarrollo de aplicaciones. (Hanselman, s.f.)

Visual C# Es un lenguaje de programación moderno y poderoso que ofrece una combinación única de facilidad de uso, flexibilidad y potencia (bsw, s.f.). Es ampliamente utilizado en la industria del software para desarrollar una variedad de aplicaciones, desde aplicaciones de escritorio hasta aplicaciones web y móviles, gracias a su integración con Visual Studio y la plataforma .NET. (Dot.Net, s.f.).

Python

Python es un lenguaje de programación de alto nivel, interpretado y multipropósito, creado por Guido van Rossum y lanzado por primera vez en 1991. Es conocido por su simplicidad, legibilidad y flexibilidad, lo que lo convierte en una opción popular entre desarrolladores de software de todos los niveles de experiencia. Una de las características distintivas de Python es su sintaxis clara y concisa, que se asemeja al lenguaje humano y hace que el código sea fácil de leer y entender. Esto lo convierte en una herramienta poderosa tanto para principiantes como para programadores experimentados (Londoño, 2023).

Python es un lenguaje interpretado, lo que significa que el código se ejecuta línea por línea por un intérprete en lugar de ser compilado antes de su ejecución. Esto permite un desarrollo rápido y una fácil depuración, ya que los errores pueden identificarse y corregirse rápidamente durante la ejecución del programa. Python es un lenguaje multipropósito, lo que significa que se puede utilizar para una amplia gama de aplicaciones, desde desarrollo web y científico hasta automatización de tareas y desarrollo de juegos. Además, cuenta con una amplia biblioteca estándar que proporciona módulos y herramientas para realizar una variedad de tareas comunes sin necesidad de escribir código desde cero (coursera, s.f.).

Otra característica notable de Python es su comunidad activa y comprometida de desarrolladores, que contribuyen constantemente con bibliotecas, frameworks y recursos educativos para mejorar y promover el lenguaje. Esto ha llevado a Python a convertirse en uno de los lenguajes de programación más populares y ampliamente utilizados en la actualidad, tanto en la industria como en la academia (Python, s.f.)

Java

De acuerdo a la corporación Amazon AWS, Java es un lenguaje de programación de propósito general, orientado a objetos y de alto nivel, desarrollado por Sun Microsystems en la década de 1990 y posteriormente adquirido por Oracle Corporation. Es conocido por su portabilidad, robustez y facilidad de uso, lo que lo convierte en uno de los lenguajes más populares y ampliamente utilizados en la industria del software. Una de las características distintivas de Java es su capacidad de ser ejecutado en múltiples plataformas, gracias a su máquina virtual Java (JVM). Esto significa que el código Java puede ser compilado una vez y ejecutado en cualquier dispositivo que tenga una JVM compatible, lo que facilita el desarrollo de aplicaciones multiplataforma (Amazon AWS, s.f.).

Java es un lenguaje orientado a objetos, lo que significa que se basa en el concepto de objetos y clases para modelar el mundo real. Esto proporciona una forma organizada y estructurada de escribir programas, lo que facilita su comprensión y mantenimiento. Java también se destaca por su robustez y seguridad. El sistema de administración de memoria automático de Java, conocido como recolector de basura, se encarga de liberar la memoria utilizada por objetos no utilizados, lo que ayuda a prevenir errores de memoria y fugas. Además, Java cuenta con un sólido sistema de seguridad que protege contra amenazas como ejecución de código malicioso y acceso no autorizado a recursos del sistema (IBM-Java, s.f.).

Otra característica importante de Java es su amplia biblioteca estándar, que proporciona un conjunto de clases y métodos predefinidos para realizar una variedad de tareas comunes, como entrada/salida, manipulación de cadenas, procesamiento de archivos y networking. Esto facilita el desarrollo de aplicaciones al eliminar la necesidad de escribir código desde cero para funciones básicas. Java es un lenguaje de programación de alto nivel, orientado a objetos y multiplataforma, conocido por su portabilidad, robustez y seguridad. Es ampliamente utilizado en una variedad de aplicaciones, desde desarrollo de aplicaciones empresariales hasta desarrollo de aplicaciones móviles y de juegos, y cuenta con una amplia comunidad de desarrolladores y una sólida base de herramientas y recursos disponibles (¿Qué es Java?, s.f.).

Sistema de Gestión de Bases de Datos Relacional

IBM Informix

Desarrollado por IBM, que se destaca por su robustez, escalabilidad y rendimiento. Es ampliamente utilizado en entornos empresariales y de misión crítica debido a su capacidad para manejar grandes volúmenes de datos y cargas de trabajo intensivas. Este sistema de gestión de bases de datos ofrece una amplia gama de características y funcionalidades, incluyendo alta disponibilidad, tolerancia a fallos, optimización de consultas y seguridad avanzada. También es compatible con diversos modelos de datos, como relacional, objeto-relacional y multidimensional, lo que lo hace versátil y adecuado para una variedad de aplicaciones (IBM Corporation, s.f.).

Informix se destaca por su rendimiento óptimo, incluso en entornos de alta concurrencia y transaccionalidad. Ofrece mecanismos integrados para garantizar la disponibilidad continua de los datos y la recuperación ante fallos, lo que asegura la integridad y la fiabilidad de los sistemas que lo utilizan (Santos-Informix, s.f.).

Además, Informix cuenta con herramientas avanzadas de administración y monitoreo que facilitan la gestión y el mantenimiento de las bases de datos. Su arquitectura flexible y su escalabilidad permiten adaptarse fácilmente a los cambios en los requisitos del negocio y soportar el crecimiento de las operaciones de manera eficiente (XTIVIA, s.f.).

Informix es un sistema de gestión de bases de datos confiable y de alto rendimiento, diseñado para satisfacer las necesidades de las aplicaciones empresariales más exigentes. Ofrece una combinación única de funcionalidades avanzadas, rendimiento óptimo y escalabilidad, lo que lo convierte en una opción popular para organizaciones que requieren un almacenamiento de datos eficiente y confiable (*Servidores Informix*, s.f.) (*IBM Db2 Database*, s.f.).

Oracle Database

Desarrollado por Oracle Corporation, líder en la industria de bases de datos empresariales. Es reconocido por su robustez, escalabilidad y confiabilidad, y se utiliza ampliamente en una variedad de aplicaciones críticas para el negocio en todo el mundo. Este sistema de gestión de bases de datos ofrece una amplia gama de características y funcionalidades avanzadas que permiten almacenar, manipular y recuperar datos de manera eficiente. Entre sus características destacadas se encuentran la alta disponibilidad, la tolerancia a fallos, la seguridad avanzada y la escalabilidad para manejar grandes volúmenes de datos y cargas de trabajo intensivas (Oracle, s.f.).

Oracle Database es compatible con múltiples modelos de datos, incluyendo relacional, objeto-relacional y XML, lo que lo hace versátil y adecuado para una variedad de aplicaciones. Además, ofrece herramientas avanzadas de administración y monitoreo que facilitan la gestión y el mantenimiento de las bases de datos, así como la detección y resolución de problemas de rendimiento (Pure Storage, s.f.).

Su arquitectura flexible y escalable permite a las organizaciones adaptarse fácilmente a los cambios en los requisitos del negocio y soportar el crecimiento de las operaciones de manera eficiente. Oracle Database es una opción popular para empresas que requieren un sistema de gestión de bases de datos confiable y de alto rendimiento para respaldar sus aplicaciones críticas para el negocio. Oracle Database es un sistema de gestión de bases de datos líder en la industria, reconocido por su robustez, escalabilidad y confiabilidad. Ofrece una amplia gama de características avanzadas y funcionalidades que lo convierten en una opción popular para organizaciones que buscan una solución de base de datos confiable y escalable (AWS-Oracle, s.f.).

SQL Server

Conforme a Microsoft es un sistema de gestión de bases de datos relacional desarrollado por Microsoft, ampliamente utilizado en entornos empresariales para almacenar, administrar y recuperar datos de manera eficiente. Es parte del conjunto de servicios y herramientas de Microsoft SQL Server, que incluye funciones para análisis de datos, inteligencia empresarial y almacenamiento en la nube. Este sistema de gestión de bases de datos ofrece una amplia gama de características y funcionalidades avanzadas, diseñadas para satisfacer las necesidades de las aplicaciones empresariales más exigentes. Entre sus características destacadas se encuentran la alta disponibilidad, la seguridad avanzada, la escalabilidad para manejar grandes volúmenes de datos y cargas de trabajo intensivas, y la compatibilidad con múltiples modelos de datos, incluyendo relacional, objeto-relacional y XML. (Microsoft- SQL Server, 2024).

SQL Server se destaca por su facilidad de uso y su integración con otras tecnologías de Microsoft, como .NET Framework, Visual Studio y Azure. Ofrece herramientas avanzadas de administración y monitoreo que facilitan la gestión y el mantenimiento de las bases de datos, así como la detección y resolución de problemas de rendimiento (Datadog, s.f.).

Su arquitectura flexible y escalable permite a las organizaciones adaptarse fácilmente a los cambios en los requisitos del negocio y soportar el crecimiento de las operaciones de manera eficiente. SQL Server es una opción popular para empresas que requieren un sistema de gestión de bases de datos confiable y de alto rendimiento para respaldar sus aplicaciones críticas para el negocio. SQL Server es un sistema de gestión de bases de datos líder en la industria, reconocido por su facilidad de uso, escalabilidad y confiabilidad. Ofrece una amplia gama de características avanzadas y funcionalidades que lo convierten en una opción popular para organizaciones que buscan una solución de base de datos confiable y escalable (Darias, 2021).

MARCO METODOLÓGICO

Tras un análisis comparativo presentado en el marco referencial, se ha concluido que es viable utilizar la metodología **Scrum**, la cual ofrece un enfoque ágil y colaborativo para el desarrollo de proyectos complejos, lo que la hace ideal para crear un sistema integral que gestione las garantías económicas en el Sistema de Justicia Penal Oral para adolescentes. Este enfoque permitirá un desarrollo adaptativo y una entrega continua de valor al cliente, asegurando que el sistema se ajuste a las necesidades y requerimientos cambiantes.

El uso de esta metodología permitirá establecer roles claves que serán responsables de la estabilidad del proceso del proyecto, la administración organizada, el control de calidad riguroso, y una gestión efectiva de riesgos. Además, permitirá una toma de decisiones más informada en relación con posibles cambios o dificultades. Este enfoque ofrece una gran flexibilidad para la gestión del proyecto y garantiza la intervención adecuada de todos los roles involucrados.

Por otro lado, **Visual C#** Es un lenguaje de programación robusto que facilita el desarrollo de aplicaciones complejas de manera eficiente. Al ser parte del ecosistema de .NET, ofrece una gran compatibilidad con diversas tecnologías y herramientas de Microsoft, lo que permite integrar fácilmente otras soluciones, como bases de datos o servicios en la nube. Este entorno de desarrollo permite crear aplicaciones escalables, seguras y de alto rendimiento, lo que es fundamental para un sistema integral que pueda adaptarse a las necesidades cambiantes del negocio.

La arquitectura de **3 capas** organiza el sistema en tres componentes independientes: la capa de presentación, la lógica de negocio y la capa de datos. Este enfoque modular permite una mayor flexibilidad, escalabilidad y mantenimiento del software. Cada capa tiene responsabilidades claras, lo que facilita tanto el desarrollo inicial como las futuras actualizaciones o modificaciones. Al separar las preocupaciones de cada capa, se garantiza que los cambios en una parte del sistema no afecten a las demás.

Finalmente, **ITIL** proporciona un conjunto de mejores prácticas para la gestión de servicios de TI que son clave para asegurar que el sistema no solo se desarrolle de manera eficiente, sino que también se mantenga y evolucione de forma controlada a lo largo de su ciclo de vida. Con ITIL, se establecen procesos claros para la gestión de incidentes, cambios y configuraciones, lo que contribuye a la estabilidad y fiabilidad del sistema, y se enfoca en la mejora continua y en la satisfacción del usuario final.

En conjunto, estas metodologías y tecnologías permiten crear un sistema de software que no solo cumple con los requisitos técnicos, sino que también es fácil de mantener, escalable, seguro y capaz de adaptarse rápidamente a las necesidades del negocio y de los usuarios.

Como metodología de desarrollo de software, utilizamos Scrum, un marco ágil utilizado para gestionar proyectos, especialmente en el desarrollo de software. Se basa en ciclos cortos de trabajo llamados sprints, que permiten entregar versiones incrementales del producto y ajustar el proyecto de acuerdo con el feedback recibido. En Scrum, el equipo se organiza en roles específicos: el Product Owner define los requisitos y prioridades, el Scrum Master facilita el proceso y elimina obstáculos, y el equipo de desarrollo trabaja en la implementación. Además permite la planificación continua, la coordinación diaria, la revisión del progreso y la reflexión sobre las mejoras.

Scrum promueve la flexibilidad y la colaboración, asegurando que el producto evolucione de acuerdo con las necesidades del cliente y los cambios en los requisitos. Este enfoque facilita la entrega continua de valor y permite al equipo adaptarse rápidamente a nuevas prioridades y desafíos.

Características principales:

- Permite adaptarse a cambios que esto es típico del desarrollo del software.
- Facilita la revisión constante
- Tiene la capacidad de ir entregando partes funcionales
- Fragmenta el proyecto en módulos y permite detectar los problemas rápidamente y corregirlos

Diagramas de Flujo

***Figura 17.** El siguiente diagrama explica el proceso de registro de los depósitos en garantía que han sido ordenados por la autoridad judicial. Una vez realizados, dichos depósitos son puestos a disposición del Departamento del Fondo Auxiliar para la Administración de Justicia. Esta medida se mantiene hasta que el Tribunal de Garantía o el Tribunal de Juicio Oral en lo Penal resuelva de manera definitiva sobre el destino.*

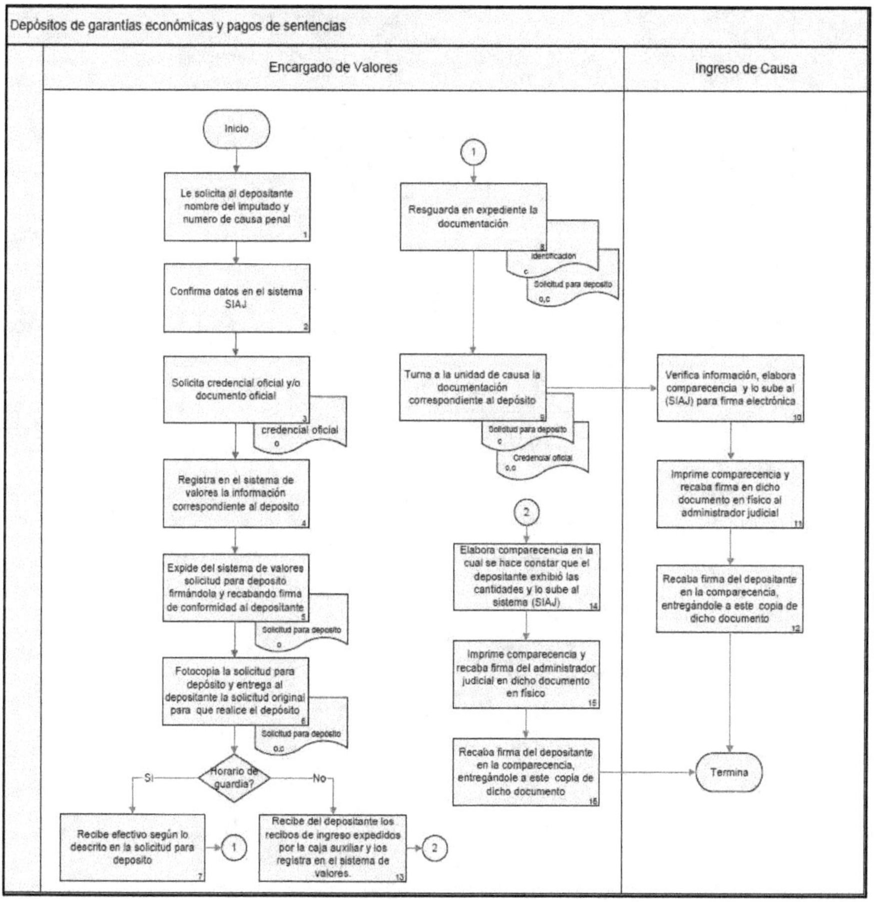

Figura 18. ***Este diagrama describe el proceso mediante el cual se registran las devoluciones de los depósitos en garantía y reparaciones del daño.***

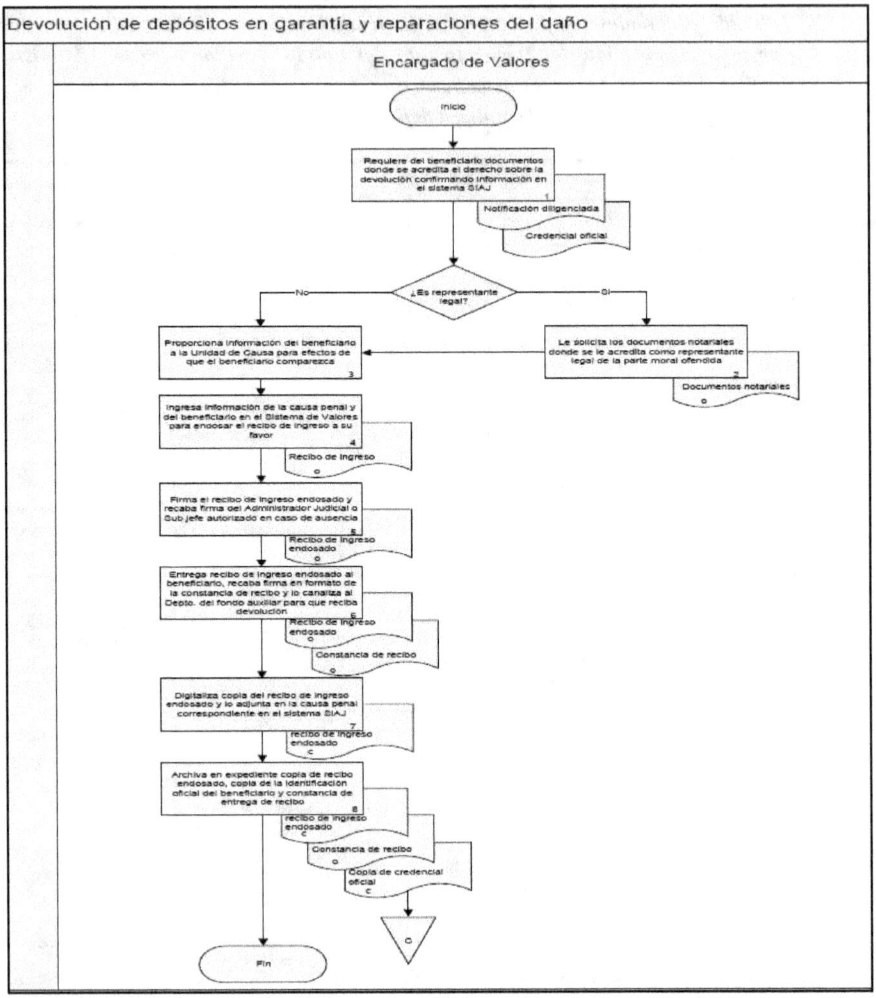

Figura 19. El siguiente diagrama detalla el proceso mediante el cual se da cumplimiento sobre el destino de los depósitos económicos en modalidad de recursos ajenos que haya resuelto la autoridad Judicial a favor del Tribunal Superior de Justicia.

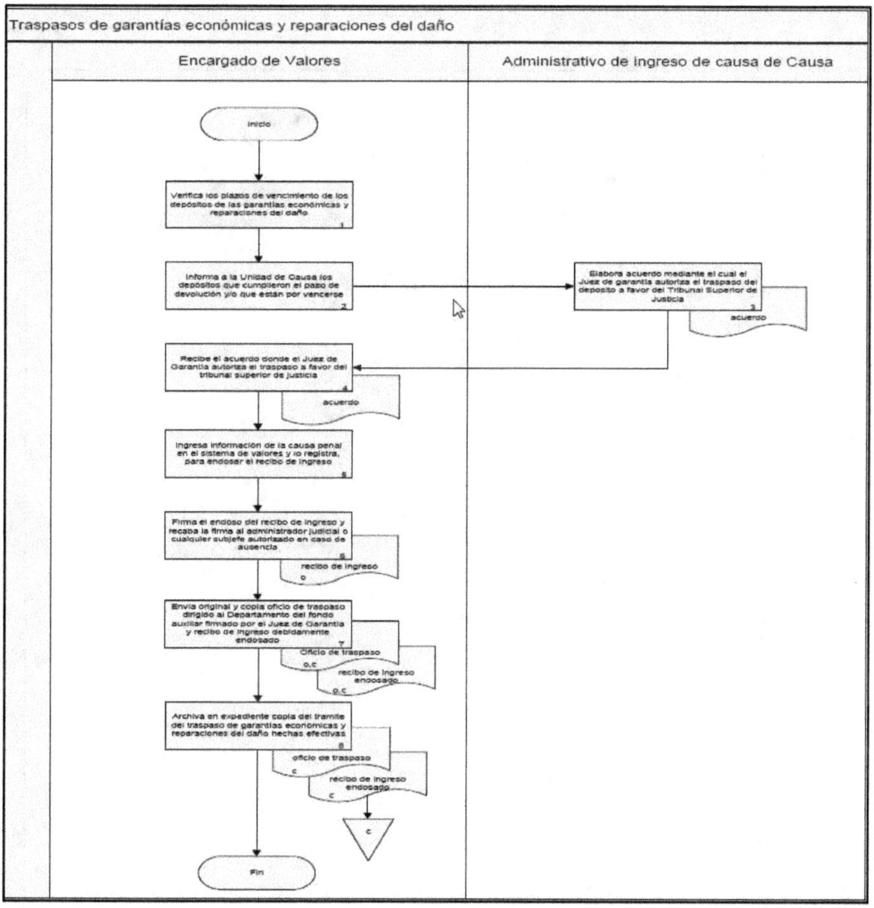

Diagrama de Casos de Uso

***Figura 20.** El siguiente diagrama muestra cómo los usuarios interactúan con el sistema para cumplir con los objetivos. Se identifican las principales funcionalidades del sistema desde la perspectiva del usuario, mostrando qué acciones o privilegios que puede realizar.*

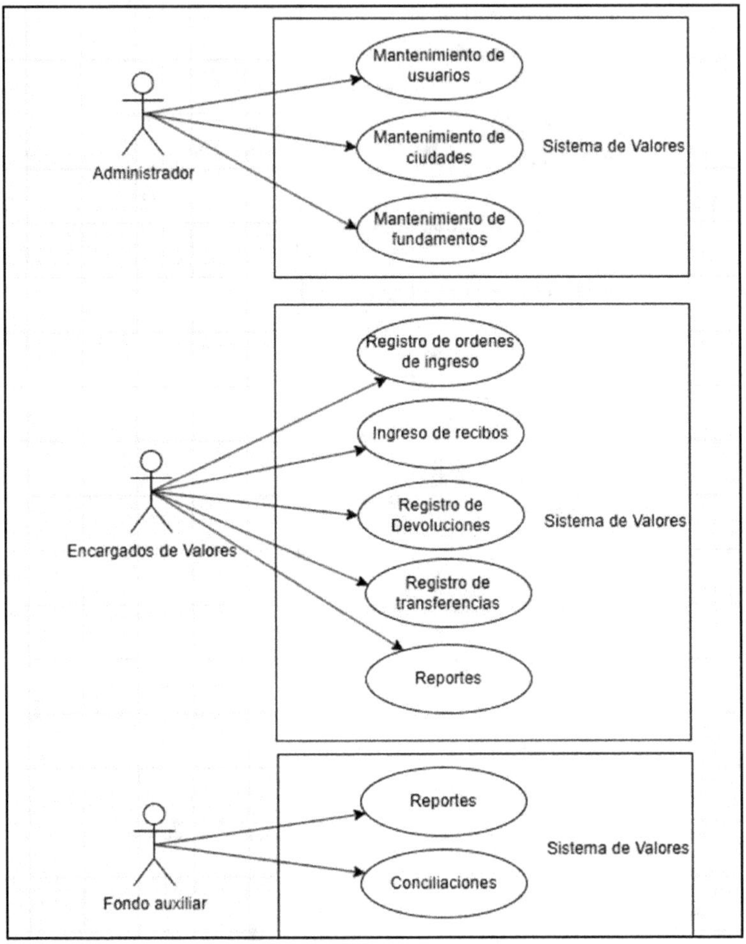

Diagrama Entidad-Relación

***Figura 21.** Es la representación gráfica de la estructura lógica de la base de datos donde se muestran las entidades que forman parte del sistema, la relación que existe entre ellas y los atributos que las describen*

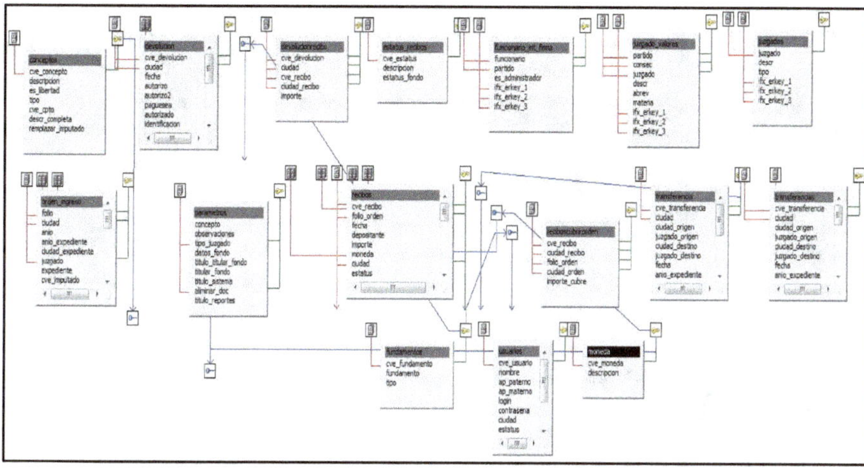

***Figura 22.** Source control es un sistema que permite gestionar, dar seguimiento y revertir cambios en el proyecto*

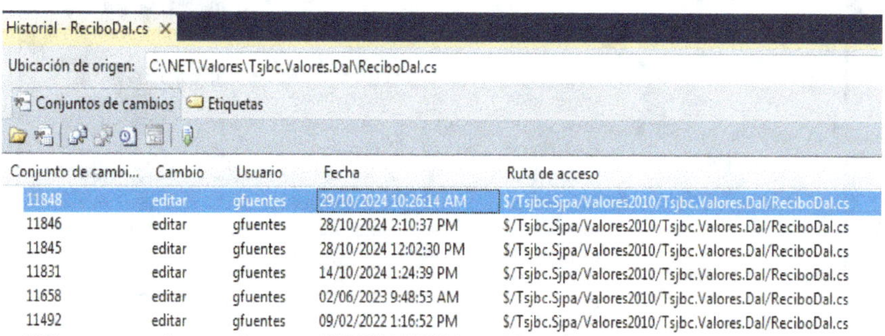

Figura 23. Se publicaron versiones periódicamente en ambiente de pruebas y producción para realizar revisiones

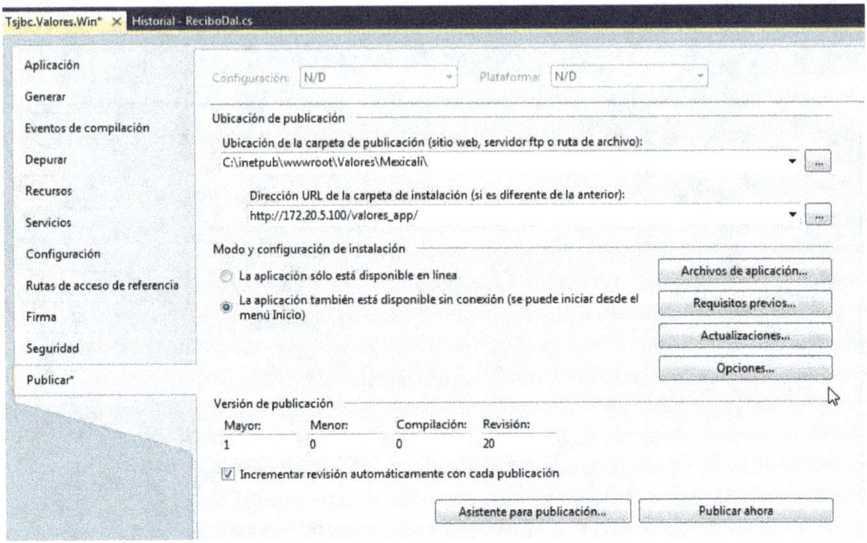

Figura 24. Se generaron paquetes donde se fueron publicando los módulos funcionales

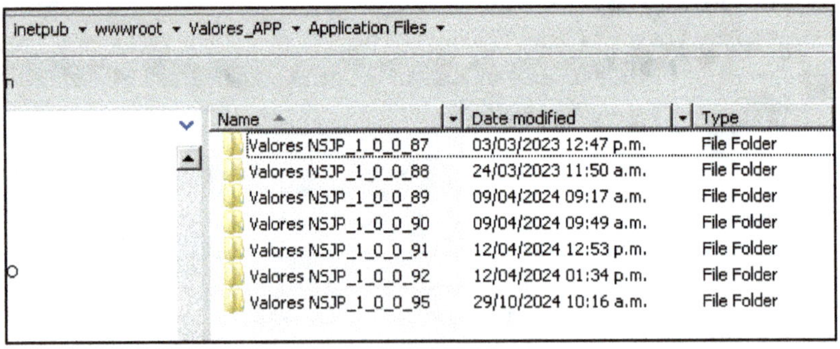

Figura 25. Programación en C#.NET. adicciones, actualizaciones y consulta de datos

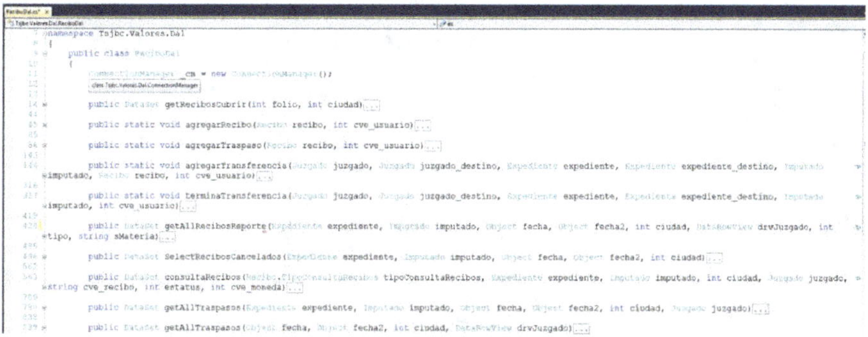

Figura 26. Arquitectura en capas del Software

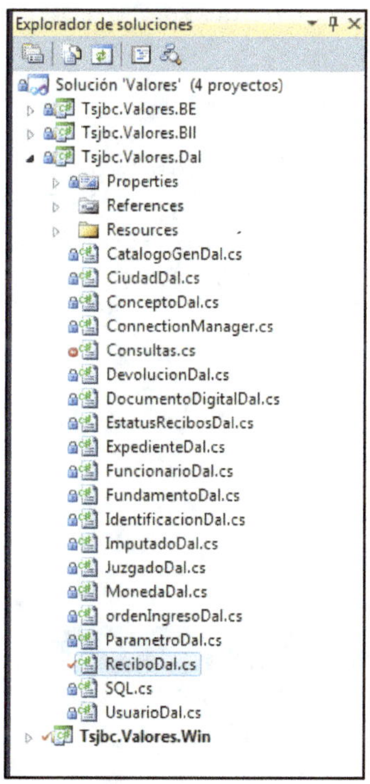

Figura 27. Procedimientos entregados por parte de los interesados para entender sus necesidades

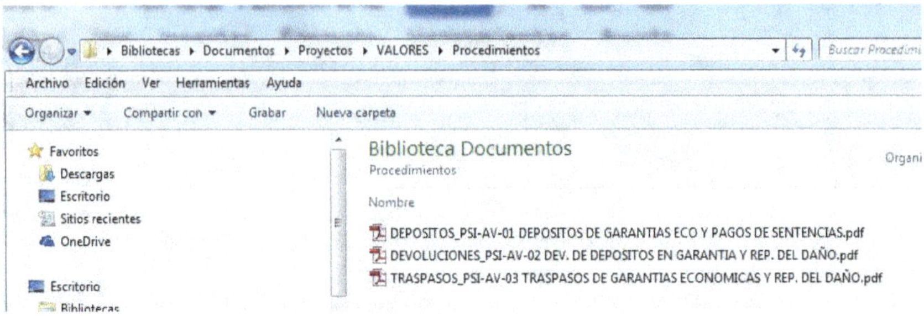

Figura 28. Realización de manuales de usuario como parte de su formación y capacitación

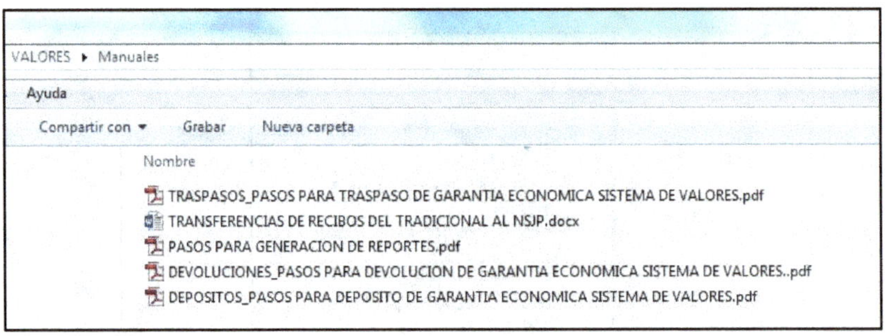

Figura 29. Diccionarios de clases para el diseño del software y el equipo de desarrollo

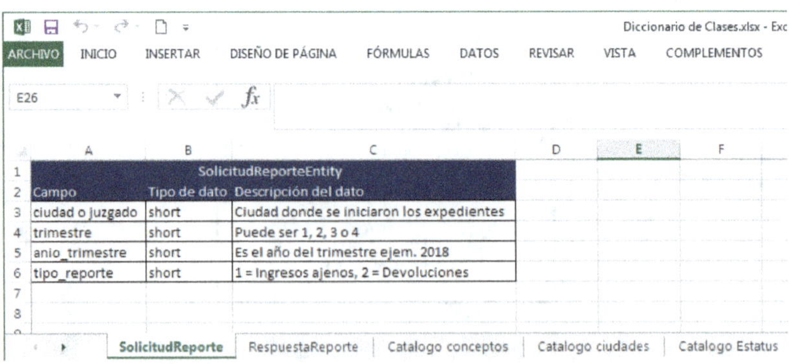

RESULTADOS

Minutas de Reuniones

Figura 30. Registro de depósitos en garantías económicas y pagos de sentencias

PODER JUDICIAL DEL ESTADO DE BAJA CALIFORNIA
TRIBUNAL DE GARANTÍA Y JUICIO ORAL PENAL
UNIDAD DE SISTEMAS Y TECNOLGOICAS DE LA INFORMACION

Minuta – Proceso de registro depósitos de garantías económicas y pagos de sentencias

Participantes:

Lic. Salvador Lopez	Encargado de valores
L.I. Guillermo Fuentes Cañez	Analista Programador de la Unidad de Sistemas y Tecnologías de la Información del Tribunal de Garantía y Juicio Oral Penal.

Objetivo:

Registro de los depósitos en garantía dictados por la autoridad Judicial utilizando los sistemas informáticos.

Levantamientos de requerimientos:

1. Solicita al depositante nombre del imputado y número de causa penal.
2. Confirma datos en el sistema SIAJ (Sistema Integral de Administración Judicial)
3. Registra en el sistema la información correspondiente al depósito tales como autoridad, ciudad, concepto, causa penal, depositante, imputado, importe, concepto y observaciones.
4. Expide del sistema de valores solicitud para depósito firmándola y recabando la firma de conformidad al depositante.

Acuerdos:

1. Opción de registro de órdenes de registro e impresión de solicitud de deposito
2. Pruebas del modulo

Figura 31. Registro de las devoluciones de reparaciones de daño a las víctimas

PODER JUDICIAL DEL ESTADO DE BAJA CALIFORNIA
TRIBUNAL DE GARANTÍA Y JUICIO ORAL PENAL
UNIDAD DE SISTEMAS Y TECNOLGICAS DE LA INFORMACION

NUEVO SISTEMA DE JUSTICIA PENAL
Baja California

Minuta – Proceso de registro de las devoluciones de reparaciones del daño a las victimas

Participantes:

Lic. Salvador Lopez	Encargado de valores
L.I. Guillermo Fuentes Cañez	Analista Programador.

Objetivo:

Registro de las devoluciones a las víctimas para las reparaciones del daño, dictados por la autoridad Judicial, utilizando los sistemas informáticos.

Levantamientos de requerimientos:

1. Requiere del beneficiario que acredite el derecho sobre la devolución de la garantía económica o reparación del daño mediante la notificación diligenciada o credencial oficial vigente, confirmando la información de la causa penal en el sistema SIAJ. Si es represéntate legal pasa a la etapa 02. Si no, pasa a la etapa 03.
2. El responsable le solicita los documentos notariales donde se le faculta con el poder notarial para acreditarse como representante legal de la parte moral ofendida.
3. Proporciona información del beneficiario a la Unidad de Causa para efectos de que el beneficiario comparezca.
4. Ingresa información de la causa penal y del beneficiario en el sistema de valores registrándolo en el apartado de devolución, para endosar el recibo de ingreso a su favor.
5. Firma el endoso del recibo de ingreso y recaba firma mancomunada del Administrador Judicial.
6. Entrega recibo de ingreso original al beneficiario debidamente endosado, recaba firma del beneficiario en formato que deja constancia la entrega de recibo y lo canaliza al Depto. del Fondo Auxiliar para que reciba la devolución.
7. Digitaliza copia del recibo de ingreso endosado y lo adjunta en la causa penal correspondiente en el sistema SIAJ (sistema de administración judicial).

Acuerdos:

1. Opción de registro de devoluciones
2. Pruebas del modulo

Inicio de sesión

Figura 32. Pantalla de autenticación de usuarios

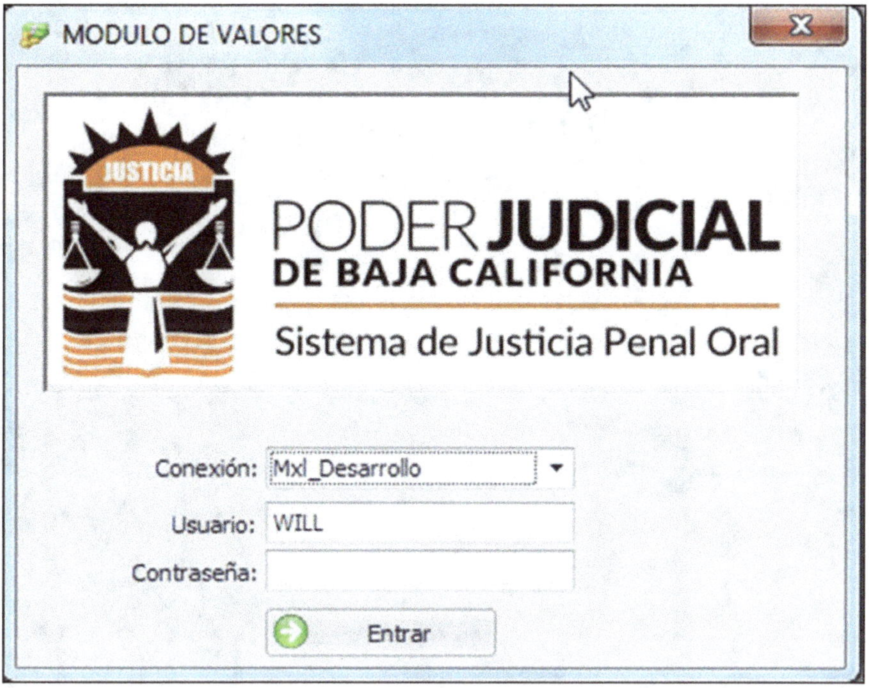

La figura 15 permite a los usuarios ingresar sus credenciales (nombre de usuario y contraseña) para acceder al sistema y seleccionar la base de datos a la cual queremos ingresar (pruebas o producción). Esta ventana asegura que solo los usuarios autorizados puedan acceder a funciones protegidas del sistema.

Opciones del sistema

Figura 33. Menú principal

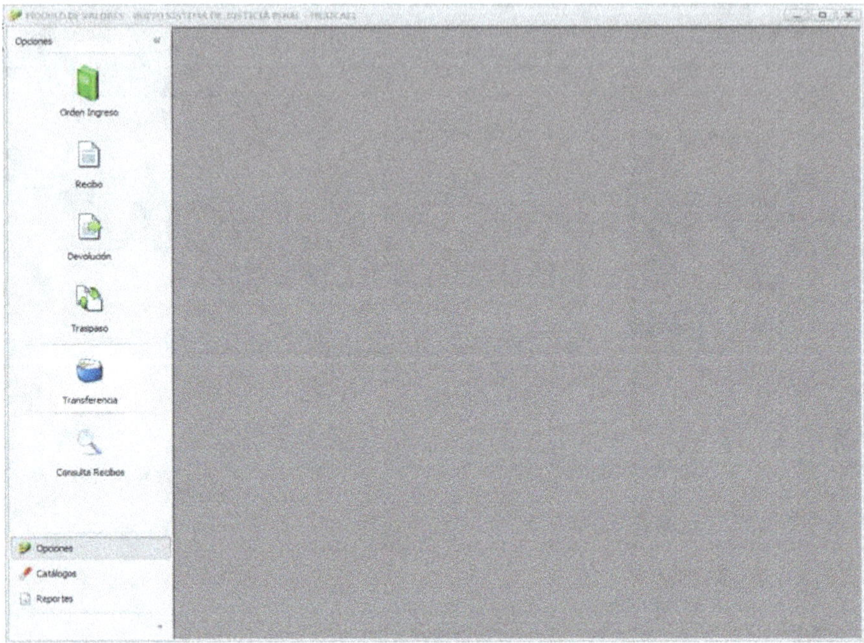

Menú principal del sistema, es la interfaz principal que presenta las opciones o secciones principales del sistema, permite al usuario navegar fácilmente entre las funciones disponibles. Es el punto de inicio para interactuar con el sistema, véase en la figura 17.

Órdenes de ingreso

Son las solicitudes de depósitos en garantía dictadas por la autoridad Judicial y que son pagadas en las cajas del fondo auxiliar para la administración de justicia hasta que el Tribunal de Garantía y Juicio Oral Penal resuelva sobre su destino.

Figura 34. Módulo de órdenes de ingreso

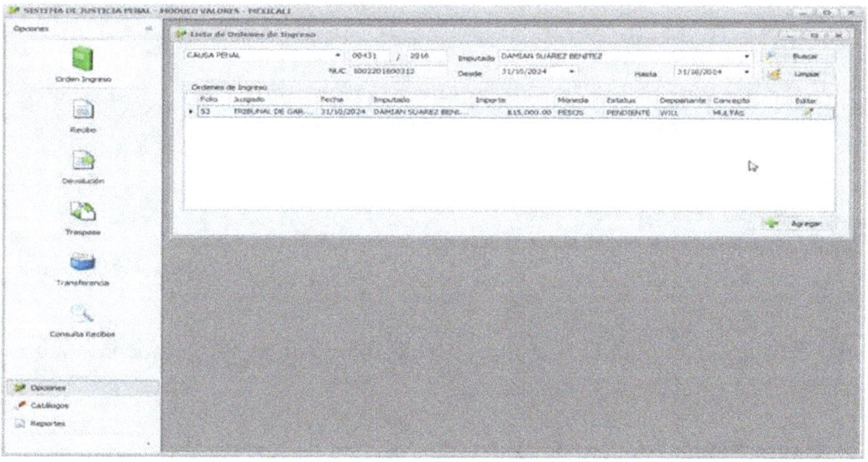

Para realizar su registro dar clic en la opción de Orden de Ingreso del menú principal donde es necesario capturar la causa penal, seleccionar el imputado y dar clic en buscar. Posteriormente se presenta el listado de las órdenes de ingreso capturadas para registrar una nueva y dar clic en *Agregar.*

Figura 35. Módulo de registro de orden de ingreso.

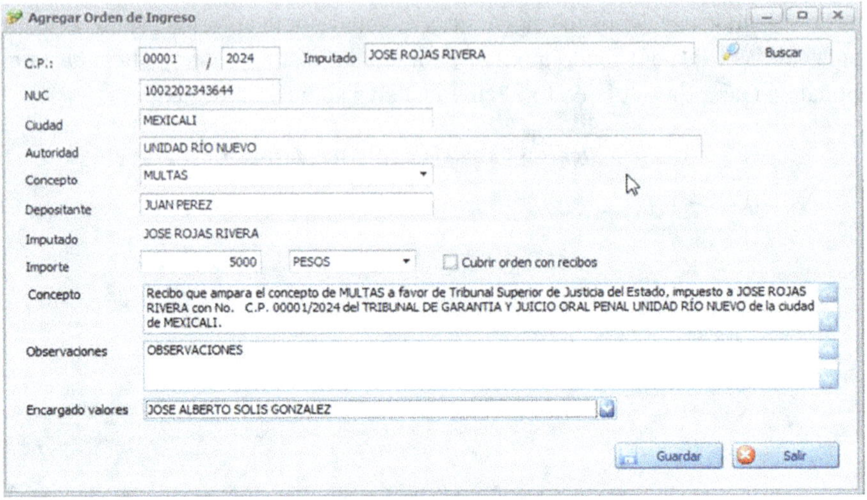

En esta figura se capturan los datos requeridos para completar la orden de ingreso en el sistema. Los campos incluyen:

- **Causa Penal:** Número de asunto del Sistema de Justicia Penal Oral.
- **NUC:** Número único de caso asignado por la fiscalía del estado.
- **Ciudad**
- **Autoridad**
- **Concepto:** Multas, reparaciones del daño, entre otros.
- **Depositante**
- **Importe**
- **Concepto:** Campo que se llena en automático.
- **Observaciones:** Campo abierto para anotaciones adicionales.
- **Encargado de valores:** Persona responsable de firmar la orden.
  Al finalizar el llenado de los campos, se debe dar clic en **Guardar** para registrar la orden.

Al finalizar el llenado de los campos, se debe dar clic en **Guardar** para registrar la orden.

Figura 36. Orden de ingreso impresa (Solicitud de depósito)

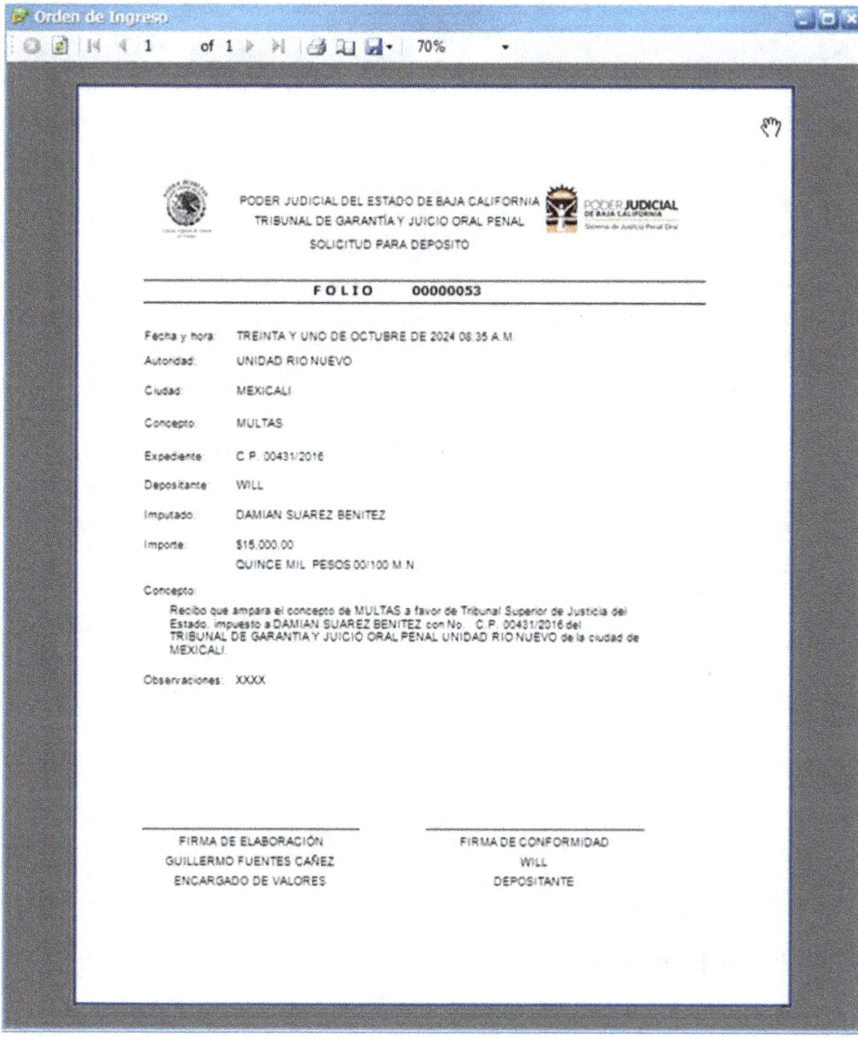

Orden de Ingreso

PODER JUDICIAL DEL ESTADO DE BAJA CALIFORNIA
TRIBUNAL DE GARANTÍA Y JUICIO ORAL PENAL
SOLICITUD PARA DEPOSITO

FOLIO 00000053

Fecha y hora: TREINTA Y UNO DE OCTUBRE DE 2024 08.35 A.M.
Autoridad: UNIDAD RIO NUEVO
Ciudad: MEXICALI
Concepto: MULTAS
Expediente: C.P. 00431/2016
Depositante: WILL
Imputado: DAMIAN SUAREZ BENITEZ
Importe: $15,000.00
QUINCE MIL PESOS 00/100 M.N.

Concepto:
Recibo que ampara el concepto de MULTAS a favor de Tribunal Superior de Justicia del Estado, impuesto a DAMIAN SUAREZ BENITEZ con No. C.P. 00431/2016 del TRIBUNAL DE GARANTIA Y JUICIO ORAL PENAL UNIDAD RIO NUEVO de la ciudad de MEXICALI.

Observaciones: XXXX

FIRMA DE ELABORACIÓN
GUILLERMO FUENTES CAÑEZ
ENCARGADO DE VALORES

FIRMA DE CONFORMIDAD
WILL
DEPOSITANTE

Una vez que se le da clic en guardar se imprime una solicitud de depósito que se le entrega al depositante para que acude a las cajas a realizar el pago, véase en la figura 20

Recibos

Son los comprobantes de pagos que emiten las cajas auxiliares cuando los depositantes acuden a realizar el pago.

Figura 37. Módulo de registro de recibos

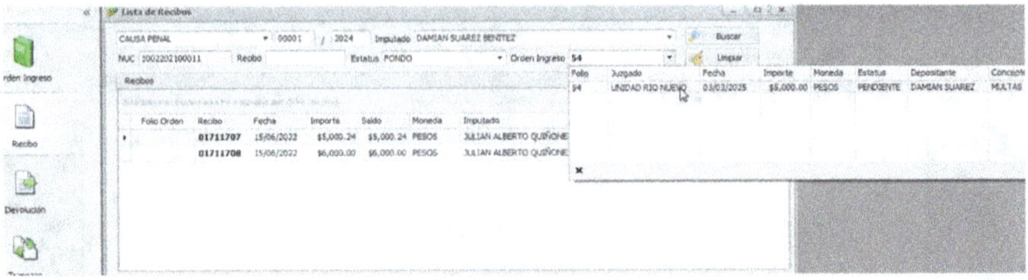

Para realizar el ingreso del registro dar clic en la opción de Recibo del menú principal donde es necesario capturar la causa penal, seleccionar el imputado, seleccionar estatus de FONDO, seleccionar la orden de ingreso y dar clic en buscar. Una vez que se presenta el listado de los recibos registrados y seleccionar el correcto dar clic en Editar.

Figura 38. Pantalla de ingreso de recibo

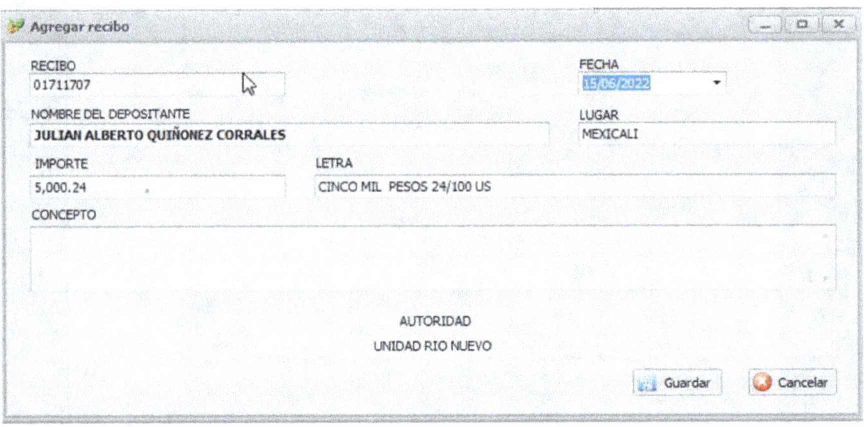

En la figura 22 se ingresa el recibo al juzgado, para finalizar dar clic en Guardar

Devoluciones

En esta opción se realizan las devoluciones de los depósitos en garantía y reparaciones del daño que impone la autoridad judicial y se da el cumplimiento sobre el destino de esos depósitos a favor de las víctimas u ofendidos

Figura 39. Módulo de devoluciones

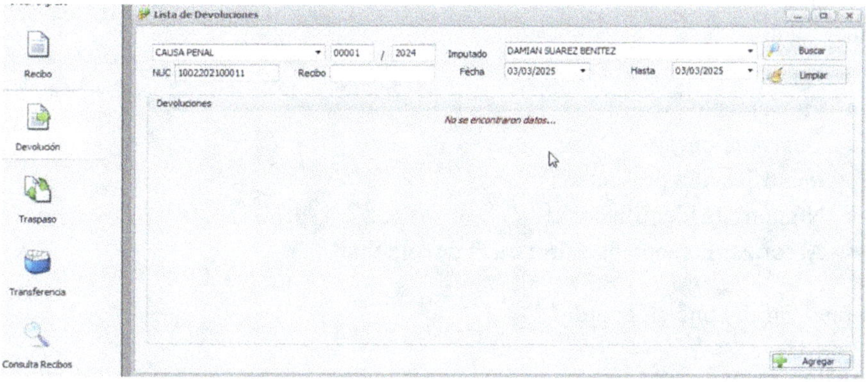

Para realizar su registro dar clic en la opción de Devolución del menú principal donde es necesario capturar la causa penal, seleccionar el imputado y dar clic en buscar. Posteriormente se presenta el listado de devoluciones registradas para ese asunto como se muestra en la figura 23. Para continuar dar clic en *Agregar.*

Figura 40. Pantalla de registro de la devolución

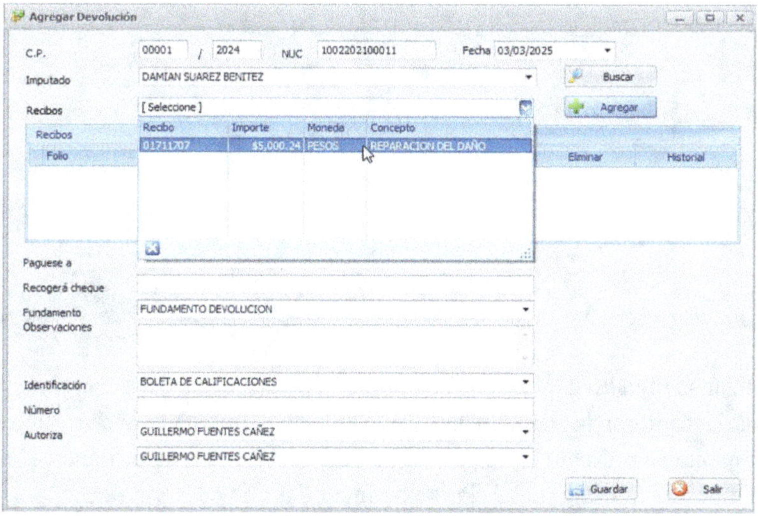

En la figura 24 se capturan los datos de la devolución:

- Causa Penal: Numero de asunto del Sistema de justicia Penal Oral
- Nuc: Número único de caso de la fiscalía del estado

- Fecha de devolución
- Imputado
- Recibo
- Páguese a
- Fundamento
- Observaciones
- Identificación presentada
- Número de identificación
- Autoriza: Persona que firmará la devolución

Al finalizar dar clic en guardar

Transferencias

Opción utilizada para transferir recibos de asuntos del tradicional al NSJP, ejem algún expediente del tradicional que se le vaya a dar seguimiento en un cuaderno de ejecución del NSJP

Figura 41. Módulo de transferencias

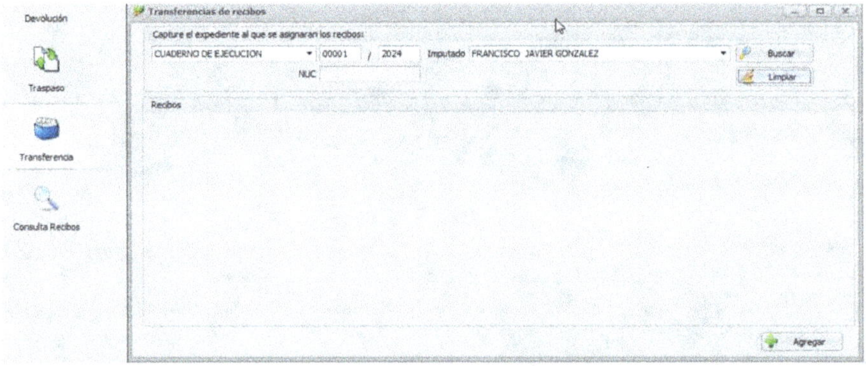

Para realizar su registro dar clic en la opción de Transferencia del menú principal donde es necesario capturar la causa penal, seleccionar el imputado y dar clic en buscar. Posteriormente se presenta el listado de transferencias registradas para ese expediente como se muestra en la figura 25. Para continuar dar clic en *Agregar.*

Figura 42. Interfaz de registro de transferencias

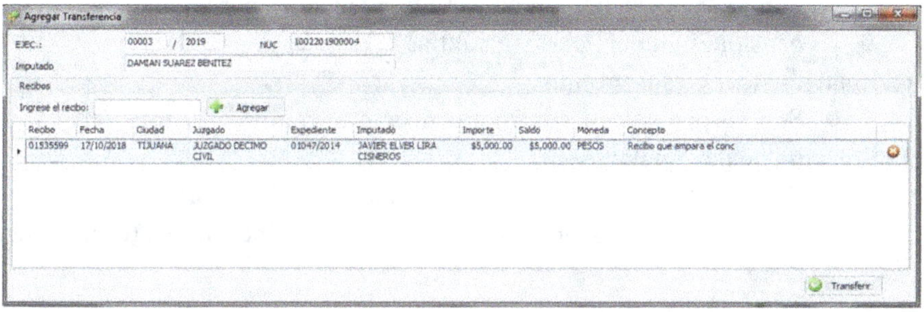

En la figura 26 se debe capturar el recibo del tradicional que se quiere transferir al juzgado penal y dar clic en agregar, y en la parte inferior se presenta la información del recibo del tradicional, al finalizar dar clic en Transferir

Reportes

Figura 43. Reportes del sistema

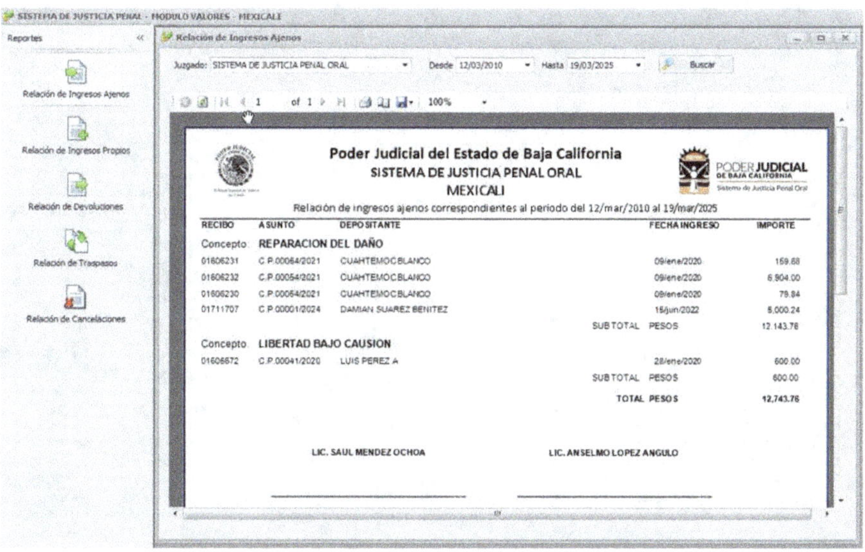

En la figura 27 se muestran los reportes que hasta el momento incluye el sistema estos son utilizados para analizar y realizar conciliaciones sobre lo que físicamente se tiene resguardado

- Relación de ingresos ajenos
    - Son todos los depósitos en garantía realizados por reparaciones del daño, pensiones alimenticias y garantías
- Relación de ingresos propios
    - Son los pagos realizados por concepto de multas o sustitución de la pena
- Relación de devoluciones
    - Son todas las compensaciones dictadas por la autoridad judicial que se han realizado a las víctimas u ofendidos por conceptos de reparaciones del daño
- Relación de Traspasos
    - Son los depósitos en garantía que se han realizado por recibos traspasados
- Relación de Cancelaciones
    - Son todos los recibos que se han cancelado

Cronograma

		Etapa	Task Name	Duration	Start	Finish	Predec
1		PLANEACIÓN	Marco referencial	2 days	Fri 01/03/24	Mon 04/03/24	
2			Introducción trabajo terminal	3 days	Tue 05/03/24	Thu 07/03/24	1
3		ANÁLISIS	Identificar antecedentes del sistema	7 days	Fri 08/03/24	Mon 18/03/24	2
4			Identificar requerimientos del sistema	14 days	Tue 19/03/24	Fri 05/04/24	3
5			Definir procesos	14 days	Mon 08/04/24	Thu 25/04/24	4
6			Permisos de usuario	7 days	Fri 26/04/24	Mon 06/05/24	5
7		DISEÑO	Identificar lenguaje de programación	2 days	Tue 07/05/24	Wed 08/05/24	6
8			Instalación de manejador de base datos	1 day	Thu 09/05/24	Thu 09/05/24	7
9			Arquitectura del sistema	14 days	Fri 10/05/24	Wed 29/05/24	8
10			Infraestructura	14 days	Thu 30/05/24	Tue 18/06/24	9
11			Seguridad	3 days	Wed 19/06/24	Fri 21/06/24	10
12			Crear base de datos de valores	14 days	Mon 24/06/24	Thu 11/07/24	11
13			Crear pantallas	14 days	Fri 12/07/24	Wed 31/07/24	12
14			Definir controles a utilizar	3 days	Thu 01/08/24	Mon 05/08/24	13
15			Definir temática y logos del sistema	2 days	Tue 06/08/24	Wed 07/08/24	14
16			Identificar entidades	14 days	Thu 08/08/24	Tue 27/08/24	15
17			Distribuir base de datos de adolescentes	7 days	Wed 28/08/24	Thu 05/09/24	16
18		DESARROLLO	Instalación de componentes y creación de área de trabajo (Solución .NET)	2 days	Fri 06/09/24	Mon 09/09/24	17
19			Crear clase de acceso a datos	7 days	Tue 10/09/24	Wed 18/09/24	18
20			Generar rutinas primordiales de acceso y consulta a la base de datos	7 days	Thu 19/09/24	Fri 27/09/24	19
21			Crear clase de lógica de negocios	7 days	Mon 30/09/24	Tue 08/10/24	20
22			Crear clase de presentación	7 days	Wed 09/10/24	Thu 17/10/24	21
23			Módulo donde se registren los pagos de multas, reparaciones del daño	14 days	Fri 18/10/24	Wed 06/11/24	22
24			Módulo de registro de las devoluciones de depósitos en garantía y reparaciones del daño	14 days	Thu 07/11/24	Tue 26/11/24	23
25			Módulo de registro de traspasos de garantías económicas y reparaciones del daño	14 days	Wed 27/11/24	Mon 16/12/24	24
26			Módulo de autentificación para ingresar al sistema de valores	7 days	Tue 17/12/24	Wed 25/12/24	25
27			Reportes	21 days	Thu 26/12/24	Thu 23/01/25	26
28		PRUEBAS	Diseño de pruebas	7 days	Fri 24/01/25	Mon 03/02/25	27
29			Pruebas de accesos a la base de datos	7 days	Tue 04/02/25	Wed 12/02/25	28
30			pruebas con los componentes	2 days	Thu 13/02/25	Fri 14/02/25	29
31			Pruebas de integridad a la base datos	7 days	Mon 17/02/25	Tue 25/02/25	30
32			Acciones a tomar para realizar correcciones	7 days	Wed 26/02/25	Thu 06/03/25	31
33			Informe de resultados de las pruebas	2 days	Fri 07/03/25	Mon 10/03/25	32
34		IMPLEMENTACIÓN	Publicación e instalación del sistema	3 days	Tue 11/03/25	Thu 13/03/25	33
35			Capacitación	14 days	Fri 14/03/25	Wed 02/04/25	34
36			Manual de usuario	7 days	Thu 03/04/25	Fri 11/04/25	35
37			Manual de sistemas	7 days	Mon 14/04/25	Tue 22/04/25	36
38			Listados de fallos detectados en el sistema	7 days	Wed 23/04/25	Thu 01/05/25	37
39			Listado de mejoras solicitadas por usuarios	7 days	Fri 02/05/25	Mon 12/05/25	38
40			Traza detallada de los cambios en el sistema	7 days	Tue 13/05/25	Wed 21/05/25	39

CONCLUSIONES

El desarrollo e implementación de un sistema integral para registrar y dar seguimiento a las garantías económicas en el Sistema de Justicia Penal Oral ha demostrado ser una solución eficaz para mejorar la gestión de los pagos de multas y reparaciones del daño, especialmente en materia de adolescentes. A través de la creación de módulos específicos como el registro de órdenes de ingreso, recibos, devoluciones y transferencias, se ha logrado automatizar procesos clave que antes eran susceptibles a errores humanos, ineficiencias y pérdida de información vital.

El sistema propuesto responde adecuadamente al problema planteado en la introducción, donde la gestión manual de estos registros presentaba desafíos significativos. La implementación de este sistema permite una mayor precisión en los registros, reduce el tiempo de gestión, y proporciona acceso en tiempo real a la información financiera, lo cual facilita la toma de decisiones oportunas y estratégicas. Además, la automatización del proceso mejora la transparencia y reduce la vulnerabilidad a pérdidas de datos.

A pesar de estos avances, se han identificado áreas para futuras investigaciones y mejoras, tales como la optimización de la seguridad del sistema, la integración con otras plataformas del Poder Judicial, y la posibilidad de ampliar el sistema para otros ámbitos del sistema judicial que podrían beneficiarse de un manejo automatizado de registros. En este sentido, los resultados de este proyecto pueden sentar las bases para una transformación más amplia en la administración de justicia penal, mejorando la eficacia del sistema y promoviendo una mayor transparencia y confianza en el manejo de los recursos destinados a la reparación del daño.

En conclusión, la implementación del sistema constituye un avance significativo en la mejora de los procesos administrativos dentro del Sistema de Justicia Penal Oral, y abre la puerta a nuevas áreas de investigación y desarrollo en el ámbito judicial.

REFERENCIAS

(s.f.). El modelo cliente servidor. https://es.scribd.com/document/584592720/SOAPS-EN-RED

AG PLENO CJF. (s.f.). *AG PLENO CJF.* PODER JUDICIAL CONSEJO DE LA JUDICATURA FEDERAL. https://escuelajudicial.cjf.gob.mx/concursos/2021/marzo/primerconcursoadministradores/documentos/acuerdo_general_que_establece_las_disposiciones_en_materia_de_actividad_administrativa_del_propio_consejo.pdf

Alejandro Wagner. (2023, July 14). *Arquitectura Monolítica.* LinkedIn. Retrieved September 2, 2024, from https://es.linkedin.com/pulse/arquitectura-monol%C3%ADtica-ariel-alejandro-wagner

Alexander, D. (s.f.). *¿Qué es la arquitectura de software?* Platzi. Retrieved May 12, 2024, from https://platzi.com/blog/que-es-arquitectura-de-software/

Amazon AWS. (s.f.). *¿Qué es Java? - Explicación del lenguaje de programación Java - AWS.* Amazon AWS. Retrieved June 9, 2024, from https://aws.amazon.com/es/what-is/java/

apd. (2023, February 14). *Metodología Lean: qué es y cómo puede ayudar a tu empresa.* APD. Retrieved June 9, 2024, from https://www.apd.es/metodologia-lean-que-es/

APD. (2024, April 9). *¿Qué es la metodología Scrum y cómo aplicarla?* APD. Retrieved September 2, 2024, from https://www.apd.es/metodologia-scrum-que-es/

APPS DE WINDOWS. (s.f.). http://blogs.itpro.es/octaviordz/2013/12/20/ver-las-apps-de-windows-88-120122012r2-en-el-escritorio/

Aptiv. (2023, March 8). *¿Qué es el modelo V en el desarrollo de software?* Aptiv. Retrieved May 12, 2024, from https://www.aptiv.com/es/tendencias/art%C3%ADculo/que-es-el-modelo-v-en-el-desarrollo-de-software

Arquitectura basada en eventos. (s.f.). Amazon AWS. Retrieved May 12, 2024, from https://aws.amazon.com/es/event-driven-architecture/

Arquitectura de tres niveles. (s.f.). EcuRed. Retrieved May 12, 2024, from https://www.ecured.cu/Arquitectura_de_tres_niveles

Arquitectura Monolítica. (2023, July 14). LinkedIn. Retrieved May 12, 2024, from https://es.linkedin.com/pulse/arquitectura-monol%C3%ADtica-ariel-alejandro-wagner

Arquitecturas sin servidor. (s.f.). Amazon AWS. Retrieved May 12, 2024, from https://aws.amazon.com/es/lambda/serverless-architectures-learn-more/

arsys-ACS. (2024, July 1). *Arquitectura cliente servidor: qué es, tipos y ejemplos | Blog de Arsys*. Arsys. Retrieved September 2, 2024, from https://www.arsys.es/blog/todo-sobre-la-arquitectura-cliente-servidor

arsys - DevOps. (2023, August 3). *Metodología DevOps: qué es y para qué sirve | Blog de Arsys*. Arsys. Retrieved September 2, 2024, from https://www.arsys.es/blog/metodologia-devops

Asana. (2020, December 1). *¿Qué es la metodología Kanban y cómo funciona? [2024] • Asana*. Asana. Retrieved June 7, 2024, from https://asana.com/es/resources/what-is-kanban

Asana Inc. (s.f.). *Qué es la metodología waterfall y cuándo utilizarla [2024] • Asana*. Asana. Retrieved June 9, 2024, from https://asana.com/es/resources/waterfall-project-management-methodology

Asana-Programacion Extrema. (s.f.). *¿Qué es la programación extrema (XP)? [2024] • Asana*. Asana. Retrieved May 12, 2024, from https://asana.com/es/resources/extreme-programming-xp

Asana-Six Sigma. (2024, February 10). *Todo lo que necesitas saber sobre Six Sigma [2024]*. Asana. Retrieved September 2, 2024, from https://asana.com/es/resources/six-sigma

AWS. (s.f.). *¿Qué es una aplicación web? - Explicación de las aplicaciones web - AWS*. Amazon AWS. Retrieved June 7, 2024, from https://aws.amazon.com/es/what-is/web-application/

AWS-Aplicación Web. (s.f.). *¿Qué es una aplicación web? - Explicación de las aplicaciones web - AWS.* Amazon AWS. Retrieved June 7, 2024, from https://aws.amazon.com/es/what-is/web-application/

AWS-EDA. (s.f.). *¿Qué es la EDA? - Explicación sobre la arquitectura basada en eventos.* AWS. Retrieved September 2, 2024, from https://aws.amazon.com/es/what-is/eda/

AWS-Monolítico. (s.f.). *Monolítico frente a microservicios: diferencia entre arquitecturas de desarrollo de software.* AWS. Retrieved September 2, 2024, from https://aws.amazon.com/es/compare/the-difference-between-monolithic-and-microservices-architecture/

AWS-Oracle. (s.f.). *Servicio de bases de datos Oracle (Database).* AWS. Retrieved September 4, 2024, from https://aws.amazon.com/es/rds/oracle/

beservices. (s.f.). *¿Qué es la arquitectura orientada a servicios (SOA)? ¿Cuáles son los beneficios en la empresa?* Beservices. Retrieved September 2, 2024, from https://blog.beservices.es/blog/que-es-la-arquitectura-orientada-servicios-soa-cuales-son-los-beneficios-en-la-empresa

bsw. (s.f.). *¿Qué es C# en programación y para que sirve?* Besoftware. Retrieved May 12, 2024, from https://bsw.es/que-es-c/

Buyto. (s.f.). *¿Web o Desktop? Principales diferencias entre aplicaciones web y desktop - Ventajas y desventajas de aplicaciones web y desktop | Alcobendas, Madrid, España.* Buyto. Retrieved June 9, 2024, from https://www.buyto.es/general-diseno-web/diferencias-entre-aplicaciones-web-y-aplicaciones-desktop.html

campusmvp.es. (2017, December 4). *Qué son las arquitecturas sin servidor (Serverless Computing) en la nube y por qué deberían interesarte.* campusMVP. Retrieved September 2, 2024, from https://www.campusmvp.es/recursos/post/que-son-las-arquitecturas-sin-servidor-serverless-computing-en-la-nube-y-por-que-deberian-interesarte.aspx

Capterra. (s.f.). *CBD (desarrollo basado en componentes, por sus siglas en inglés).* Capterra Costa Rica 2024. Retrieved May 12, 2024, from https://www.capterra.mx/glossary/1044/cbd-component-based-development

Claudia Roca. (2021, July 2). *Metodologías Ágiles: ¿qué son y cómo implementarlas?* ThePower Education. Retrieved June 9, 2024, from https://thepower.education/blog/implementar-metodologias-agiles

Congreso B.C. (s.f.). Congreso del Estado de Baja California. Retrieved September 2, 2024, from https://www.congresobc.gob.mx/

Congreso B.C. (s.f.). *PRESIDENCIA DEL CONGRESO DEL ESTADO*. PRESIDENCIA DEL CONGRESO DEL ESTADO. https://www.congresobc.gob.mx/Documentos/ProcesoParlamentario/Dictamenes/20231219_228_HACIENDA.pdf

Corvo, H. S. (s.f.). *Modelo espiral: historia, características, etapas, ejemplo*. Lifeder. Retrieved April 25, 2025, from https://www.lifeder.com/modelo-espiral/

coursera. (s.f.). *Introducción a la programación en Python I: Aprendiendo a programar con Python*. Coursera. Retrieved September 2, 2024, from https://www.coursera.org/learn/aprendiendo-programar-python

Danby, S. (2024, noviembre 20). *Las 5 etapas del ciclo de vida del servicio ITIL*. Las 5 etapas del ciclo de vida del servicio ITIL. https://blog.invgate.com/es/ciclo-de-vida-del-servicio-itil

Darias, S. (2021, October 18). *¿Qué es Microsoft SQL Server y para qué sirve?* Intelequia. Retrieved September 4, 2024, from https://intelequia.com/es/blog/post/qu%C3%A9-es-microsoft-sql-server-y-para-qu%C3%A9-sirve

Datadog. (s.f.). *Optimize SQL Server Performance*. Retrieved June 8, 2024, from https://www.datadoghq.com/dg/monitor/sql-benefits/?utm_source=google&utm_medium=paid-search&utm_campaign=dg-dbm-na-sqlserver-broad&utm_keyword=sql%20server&utm_matchtype=e&igaag=148293718000&igaat=&igacm=15895795662&igacr=646875197664&igakw=sql%20server&ig

decide. (2019, September 3). *Arquitectura de microservicios: qué es, ventajas y desventajas*. Decide Soluciones. Retrieved September 2, 2024, from https://decidesoluciones.es/arquitectura-de-microservicios/

Deloitte Touche Tohmatsu Limited. (s.f.). *¿Qué es el desarrollo en Espiral?* Deloitte. Retrieved May 12, 2024, from https://www2.deloitte.com/es/es/pages/technology/articles/que-es-el-desarrollo-en-espiral.html

Dot.Net. (s.f.). *Lenguajes de programación de .NET | C#, F# y Visual Basic*. Dot.Net. Retrieved May 12, 2024, from https://dotnet.microsoft.com/es-es/languages

Drumond-Agil, C. (s.f.). *¿Qué es scrum? [+ Cómo empezar]*. Atlassian. Retrieved May 12, 2024, from https://www.atlassian.com/es/agile/scrum

Durán, M. (2023, April 11). *Qué es la arquitectura en capas, ventajas y ejemplos*. Blog de HubSpot. Retrieved May 12, 2024, from https://blog.hubspot.es/website/que-es-arquitectura-en-capas

EcuRed. (s.f.). *Modelo de prototipos*. EcuRed. Retrieved September 2, 2024, from https://www.ecured.cu/Modelo_de_prototipos

Esteban Gabriel Maida. (s.f.). *Metodologías de desarrollo de software*. Repositorio Institucional UCA. Retrieved May 12, 2024, from https://repositorio.uca.edu.ar/bitstream/123456789/522/1/metodologias-desarrollo-software.pdf

Euroinnova España. (s.f.). *¿Qué son las aplicaciones de escritorio?* Euroinnova. Retrieved June 7, 2024, from https://www.euroinnova.edu.es/blog/aplicaciones-de-escritorio

Flores, N. (2023, March 30). *Six sigma: todo lo que debes saber para aplicarla*. Blog de Maestrías y Diplomados. Retrieved June 9, 2024, from https://blog.maestriasydiplomados.tec.mx/six-sigma-todo-lo-que-debes-saber-para-aplicarla

Franzolini, D. (2023, January 27). *Los 7 tipos de aplicaciones web que existen (y ejemplos)*. Blog de HubSpot. Retrieved September 2, 2024, from https://blog.hubspot.es/website/tipos-aplicaciones-web

García, M. (2017, October 5). *MVC (Modelo-Vista-Controlador): ¿qué es y para qué sirve?* coding or not. Retrieved April 25, 2025, from https://codingornot.com/mvc-modelo-vista-controlador-que-es-y-para-que-sirve

Gilibets, L. (2023, January 12). *Qué es Kanban y cómo utilizarlo en el desarrollo de proyectos*. IEBS. Retrieved June 9, 2024, from https://www.iebschool.com/blog/metodologia-kanban-agile-scrum/

GlobalSuite Solutions. (2023, September 27). *¿Qué es ITIL y para que sirve?* GlobalSuite Solutions. Retrieved November 15, 2024, from https://www.globalsuitesolutions.com/es/que-es-itil-y-para-que-sirve/

Gobierno del Estado. (s.f.). *H. XXIV LEGISLATURA DEL ESTADO LIBRE Y SOBERANO DE BAJA CALIFORNIA. INICIATIVA DE LEY DE INGRESOS DEL ESTADO DE BAJA CALIFORNIA,*. Gobierno de Baja California. Retrieved May 30, 2024, from https://www.bajacalifornia.gob.mx/Documentos/transparenciafiscal/ley-ingresos/Iniciativa%20Ley%20de%20Ingresos%202024.pdf

Hanselman, S. (s.f.). *C# | Lenguaje de programación moderno y de código abierto para .NET*. NET. Retrieved June 9, 2024, from https://dotnet.microsoft.com/es-es/languages/csharp

Harris, C. (s.f.). *Arquitectura de microservicios*. Atlassian. Retrieved May 12, 2024, from https://www.atlassian.com/es/microservices/microservices-architecture

Herazo, L. (s.f.). *¿Qué es una aplicación móvil? – Anincubator*. Anincubator. Retrieved May 17, 2024, from https://anincubator.com/que-es-una-aplicacion-movil/

Hernandez, R. D. (2021, June 28). *El patrón modelo-vista-controlador: Arquitectura y frameworks explicados*. freeCodeCamp. Retrieved June 9, 2024, from https://www.freecodecamp.org/espanol/news/el-modelo-de-arquitectura-view-controller-pattern/

hostingplus. (2021, July 6). *Modelo de prototipos: ¿qué es y cuáles son sus etapas? | Blog*. Hosting Plus. Retrieved September 2, 2024, from https://www.hostingplus.mx/blog/modelo-de-prototipos-que-es-y-cuales-son-sus-etapas/

Humanes, M., & Reyes, J. (2019, July 23). *Metodología Lean: ¿qué es y cómo aplicarla en tu empresa?* Ekon. Retrieved May 18, 2024, from https://www.ekon.es/blog/metodologia-lean-empresa/

Ibero, J. (s.f.). *Arquitectura Cliente/Servidor: modelo de 3 capas*. Retrieved May 12, 2024, from https://iberasync.es/arquitectura-cliente-servidor-modelo-de-3-capas/

IBM Corporation. (s.f.). *Esquemas de organización de datos en bases de datos Db2 e Informix*. Retrieved May 12, 2024, from https://www.ibm.com/docs/es/db2/11.5?topic=tables-data-organization-schemes-in-db2-informix-databases

IBM Db2 Database. (s.f.). Retrieved May 12, 2024, from https://www.ibm.com/products/db2/database?utm_content=SRCWW&p1=Search&p4=43700074899141922&p5=p&gad_source=1&gclid=EAIaIQobChMI3YqmgMiDhQMVdTrUAR0tPQYrEAAYAiAAEgJX5fD_BwE&gclsrc=aw.ds

IBM ITIL. (s.f.). *¿Qué es la biblioteca de infraestructura de TI (ITIL)?* IBM. Retrieved November 15, 2024, from https://www.ibm.com/mx-es/topics/it-infrastructure-library

IBM-Java. (s.f.). *¿Que es Java?* IBM. Retrieved September 2, 2024, from https://www.ibm.com/mx-es/topics/java

Idaip. (s.f.). *RECOMENDACIONES PARA PROTEGER LOS DATOS PERSONALES DE MENORES DE EDAD Todos los niños, niñas y adolescentes tienen derecho a l*. IDAIPQROO. Retrieved May 30, 2024, from http://www.idaipqroo.org.mx/archivos/institucion/datos-personales/recomendaciones/01_recomendaciones_idaip_dp_menores.pdf

ideascreativas. (s.f.). *Tipos de aplicaciones móviles (Por categorías)*. Ideas Creativas. Retrieved September 2, 2024, from https://ideascreativas.com.ec/blog/tipos-de-aplicaciones-moviles/

IEP. (2022, July 7). *Metodología Waterfall: la gestión de proyectos en cascada - IEP*. Instituto Europeo de Posgrado. Retrieved September 2, 2024, from https://iep.edu.es/metodologia-waterfall/

intel. (s.f.). *Qué son los microservicios y la arquitectura de microservicios? -...* Intel. Retrieved September 2, 2024, from https://www.intel.la/content/www/xl/es/cloud-computing/microservices.html

Introducción a ITIL V3 | Definición ITIL. (2023, June 26). ServiceTonic. Retrieved April 25, 2025, from https://www.servicetonic.com/es/itil/introduccion-a-itil-v3/

Introducción al Desarrollo Web: Aplicaciones WEB. (2019, February 25). StudentPlace. Retrieved April 25, 2025, from https://studentplace98.blogspot.com/2019/02/Aplicaciones-WEB.html

Intuit. (s.f.). *Desarrollo iterativo: maximizar la agilidad empresarial*. Mailchimp. Retrieved May 12, 2024, from https://mailchimp.com/es/resources/iterative-development/

IONOS-Cascada. (2019, March 21). *El modelo en cascada en el desarrollo de software*. IONOS. Retrieved May 12, 2024, from https://www.ionos.mx/digitalguide/paginas-web/desarrollo-web/el-modelo-en-cascada/

IONOS-Espiral. (s.f.). *Modelo en espiral: el modelo para la gestión de riesgos en el desarrollo de software*. IONOS. Retrieved September 2, 2024, from https://www.ionos.mx/startupguide/productividad/modelo-en-espiral/

IONOS-Modelo V. (2020, September 28). *Modelo V: definición, ventajas y áreas de aplicación*. IONOS. Retrieved September 2, 2024, from https://www.ionos.mx/digitalguide/paginas-web/desarrollo-web/modelo-v/

ITIL. (s.f.). ITIL 4: Las mejores prácticas en Gestión de Servicios de TI. Retrieved November 15, 2024, from https://www.itil.com.mx/

Jain, S. (2025, April 9). *SDLC V-Model – Software Engineering*. GeeksforGeeks. Retrieved April 23, 2025, from https://www.geeksforgeeks.org/software-engineering-sdlc-v-model/?ref=lbp

Java | Oracle. (s.f.). Java | Oracle. Retrieved May 12, 2024, from https://www.java.com/es/

jmbeas. (2019, September 22). *Desarrollo iterativo e incremental – Se hace camino al andar…*. Se hace camino al andar…. Retrieved September 2, 2024, from https://blog.jmbeas.es/2019/09/22/desarrollo-iterativo-e-incremental/

Kanban Tool. (s.f.). *Metodología Kanban*. Kanban Tool. Retrieved September 2, 2024, from https://kanbantool.com/es/metodologia-kanban

Linked in. (2023, November 29). *¿Qué es V-Model?* LinkedIn. Retrieved September 2, 2024, from https://es.linkedin.com/pulse/qu%C3%A9-es-v-model-servicios-de-informatica-profesion-qotgf

Londoño, P. (2023, April 3). *Qué es Python, para qué sirve y cómo se usa (+ recursos para aprender).* Blog de HubSpot. Retrieved September 4, 2024, from https://blog.hubspot.es/website/que-es-python

Metodología DevOps 1. (2023, April 6). Empresa Actual. Retrieved June 7, 2024, from https://www.empresaactual.com/metodologia-devops/

Metodología XP o Programación Extrema: ¿Qué es y cómo aplicarla? (s.f.). Sinnaps. Retrieved April 25, 2025, from https://www.sinnaps.com/blog-gestion-proyectos/metodologia-xp#google_vignette

Microservicios. (s.f.). https://www.valtx.pe/blog/microservicios-en-desarrollo-de-software-que-son-y-porque-adoptarlos

Microsoft Learn. (s.f.). *Estilo de arquitectura de microservicios - Azure Architecture Center.* Microsoft Learn. Retrieved May 12, 2024, from https://learn.microsoft.com/es-es/azure/architecture/guide/architecture-styles/microservices

Microsoft- SQL Server. (2024, February 21). *¿Qué es SQL Server? - SQL Server.* Microsoft Learn. Retrieved June 9, 2024, from https://learn.microsoft.com/es-es/sql/sql-server/what-is-sql-server?view=sql-server-ver16

Modelos basados en Prototipos [Gráfico]. (s.f.). https://www.goconqr.com/diapositiva/3204595/modelos-basados-en-protitipos

Monolítica. (s.f.). https://issuu.com/licciend22/docs/revista_liccien.

MVC. (2023, November 13). *MVC - Glosario de MDN Web Docs: Definiciones de términos relacionados con la Web | MDN.* MDN Web Docs. Retrieved June 9, 2024, from https://developer.mozilla.org/es/docs/Glossary/MVC

MVC (Model, View, Controller). (s.f.). *MVC (Model, View, Controller) explicado. - Blog de Código Facilito.* Código Facilito. Retrieved September 4, 2024, from https://codigofacilito.com/articulos/mvc-model-view-controller-explicado

Nacional, O. J. (s.f.). *LEY DEL FONDO AUXILIAR PARA LA ADMINISTRACIÓN DE JUSTICIA DEL ESTADO DE BAJA CALIFORNIA ÚLTIMA REFORMA.* Retrieved May 12, 2024, from http://www.ordenjuridico.gob.mx/Documentos/Estatal/Baja%20California/wo120217.pdf

NetApp. (s.f.). *¿Qué es DevOps y para qué sirve?* NetApp. Retrieved June 9, 2024, from https://www.netapp.com/es/devops-solutions/what-is-devops/

nimble. (s.f.). *¿Qué Es Extreme Programming (XP)? - Valores, Principios Y Prácticas*. Nimblework. Retrieved September 2, 2024, from https://www.nimblework.com/es/agile/programacion-extrema-xp/

Nimblework. (s.f.). *Test Driven Development (TDD): Qué Es + Razón Sorprendente Para Dejar De Arrastrar Los Pies*. Nimblework. Retrieved May 12, 2024, from https://www.nimblework.com/es/agile/desarrollo-dirigido-por-pruebas-tdd/

NUCBA. (2021, May 27). *¿Qué es la arquitectura cliente-servidor? | by NUCBA | Medium*. NUCBA. Retrieved September 4, 2024, from https://nucba.medium.com/qu%C3%A9-es-la-arquitectura-cliente-servidor-eb9f402506cc

OpenWebinars. (s.f.). *Arquitectura de software: Qué es y qué tipos existen*. Retrieved May 12, 2024, from https://openwebinars.net/blog/arquitectura-de-software-que-es-y-que-tipos-existen/

Oracle. (s.f.). *Database*. Oracle. Retrieved May 12, 2024, from https://www.oracle.com/mx/database/

ORDEN JURIDICO. (s.f.). *LEY DEL FONDO AUXILIAR PARA LA ADMINISTRACIÓN DE JUSTICIA DEL ESTADO DE BAJA CALIFORNIA*. LEY DEL FONDO AUXILIAR PARA LA ADMINISTRACIÓN DE JUSTICIA DEL ESTADO DE BAJA CALIFORNIA. http://www.ordenjuridico.gob.mx/Documentos/Estatal/Baja%20California/wo120217.pdf

Oscar Blancarte. (s.f.). *Arquitectura Cliente-Servidor*. Reactive Programming. Retrieved September 2, 2024, from https://reactiveprogramming.io/blog/es/estilos-arquitectonicos/cliente-servidor

Pacheco Barrera, D. D. (s.f.). *LAS Las Tic como estrategia competitiva en la gestión empresarial*. Retrieved June 8, 2024, from https://revistaenfoques.org/index.php/revistaenfoques/article/view/72

Periódico Oficial. (s.f.). *Gobierno de Baja California*. Gobierno de Baja California. Retrieved September 2, 2024, from https://www.bajacalifornia.gob.mx/Gobierno/Periodico_Oficial

PJBC. (s.f.). *REGLAMENTO DE LA LEY DEL FONDO AUXILIAR PARA LA ADMINISTRACIÓN DE JUSTICIA DEL ESTADO DE BAJA CALIFORNIA*. Poder Judicial. Retrieved May 12, 2024, from https://transparencia.pjbc.gob.mx/documentos/pdfs/reglamentos/ReglamentoFondoAuxiliar.pdf

Prezi. (s.f.). *Metodología de prototipo para el Desarrollo de Aplicaciones.* Retrieved May 12, 2024, from https://prezi.com/bew01h3rw3dt/metodologia-de-prototipo-para-el-desarrollo-de-aplicaciones/

proyectosagiles. (s.f.). *Desarrollo iterativo e incremental – Proyectos Ágiles*. Proyectos Ágiles. Retrieved September 2, 2024, from https://proyectosagiles.org/desarrollo-iterativo-incremental/

Pure Storage. (s.f.). *¿Qué es una base de datos de Oracle?* Pure Storage. Retrieved June 9, 2024, from https://www.purestorage.com/la/knowledge/what-is-oracle-database.html

Python, l. p. (s.f.). *Python is a programming language*. Welcome to Python.org. Retrieved May 18, 2024, from https://www.python.org/

¿Qué es AOS? (s.f.). Amazon AWS. Retrieved May 12, 2024, from https://aws.amazon.com/es/what-is/service-oriented-architecture/

¿Qué es Java? (s.f.). *¿Qué es Java?: Guía de Java para principiantes*. Microsoft Azure. Retrieved September 4, 2024, from https://azure.microsoft.com/es-es/resources/cloud-computing-dictionary/what-is-java-programming-language

¿Qué es la metodología lean? (s.f.). Atlassian. Retrieved May 12, 2024, from https://www.atlassian.com/es/agile/project-management/lean-methodology

¿Qué son las aplicaciones web? Características y ejemplos. (s.f.). Platzi. Retrieved May 17, 2024, from https://platzi.com/blog/que-son-aplicaciones-web/

Red Hat - Agil. (2022, July 19). *¿Qué es la metodología ágil?* Red Hat. Retrieved September 2, 2024, from https://www.redhat.com/es/topics/devops/what-is-agile-methodology

Red Hat-SOA. (2023, August 4). *¿Qué es la arquitectura orientada a los servicios (SOA)?* Red Hat. Retrieved September 2, 2024, from https://www.redhat.com/es/topics/cloud-native-apps/what-is-service-oriented-architecture

REGLAMENTO DE LA LEY DEL FONDO AUXILIAR. (s.f.). *REGLAMENTO DE LA LEY DEL FONDO AUXILIAR PARA LA ADMINISTRACIÓN DE JUSTICIA DEL ESTADO DE BAJA CALIFORNIA*. Poder Judicial. Retrieved September 2, 2024, from https://transparencia.pjbc.gob.mx/documentos/pdfs/reglamentos/ReglamentoFondoAuxiliar.pdf

Ryte. (s.f.). *Modelo en Espiral: todo lo que necesitas saber*. Ryte. Retrieved September 2, 2024, from https://es.ryte.com/wiki/Modelo_en_Espiral

Santos, D. (2024, May 20). *Six Sigma: cómo aplicar la metodología paso a paso (plantilla y ejemplos)*. Blog de HubSpot. Retrieved June 7, 2024, from https://blog.hubspot.es/marketing/que-es-six-sigma

Santos-Informix, M. D. (s.f.). *Las características, ventajas y desventajas de Informix: una guía completa*. Polaridad.es. Retrieved May 12, 2024, from https://polaridad.es/informix-caracteristicas-ventajas-y-desventajas/

SCRIBD. (s.f.). *METODOLOGÍA Desarrollo de Software Basado en Componentes | Descargar gratis PDF | Ingeniería de software | Software*. Scribd. Retrieved September 2, 2024, from https://es.scribd.com/document/323586615/METODOLOGIA-Desarrollo-de-Software-Basado-en-Componentes

Service Tonic. (s.f.). *Qué es ITIL V4 y en qué se diferencia con la V3*. Qué es ITIL V4 y en qué se diferencia con la V3. https://www.servicetonic.com/es/itil/diferencias-itil4-vs-itil-v3/

Servidores Informix. (s.f.). Retrieved May 12, 2024, from https://www.ibm.com/docs/es/informix-servers/12.10?topic=overview-product-versions

sinnaps. (s.f.). *Metodología XP o Programación Extrema: ¿Qué es y cómo aplicarla?* Sinnaps. Retrieved September 2, 2024, from https://www.sinnaps.com/blog-gestion-proyectos/metodologia-xp

SIREGOB. (s.f.). *Arquitectura Multicapa*. SIREGOB. Retrieved September 4, 2024, from https://www.siregob.com.mx/arquitectura-multicapa.html

SOA. (s.f.). https://yamilpo.wordpress.com/2016/08/21/soa-arquitectura-orientada-al-servicio/.

Softcorp. (s.f.). *Definición y cómo funcionan las aplicaciones móviles*. Agencia de Marketing Digital en Venezuela. Retrieved June 7, 2024, from https://servisoftcorp.com/definicion-y-como-funcionan-las-aplicaciones-moviles/

Solera, S. (2022, April 27). *Las mejores metodologías para un correcto desarrollo de software*. Occam Agencia Digital. Retrieved May 12, 2024, from https://www.occamagenciadigital.com/blog/las-mejores-metodologias-para-un-correcto-desarrollo-de-software

TDD. (s.f.). https://mindwaresrl.com/2015/10/18/introduccion-al-desarrollo-guiado-por-pruebas-tdd/

tecnoempresa. (2024, January 30). *Qué es una aplicación de escritorio: definición y beneficios*. Tecnoempresa. Retrieved September 2, 2024, from https://tecnoempresa.mx/que-es-una-aplicacion-de-escritorio-definicion-y-beneficios/

Tena, M. (s.f.). *¿Qué es la metodología 'agile'? ¿Revolución de las formas de trabajo?* BBVA. Retrieved September 2, 2024, from https://www.bbva.com/es/innovacion/metodologia-agile-la-revolucion-las-formas-trabajo/

TRBL. (s.f.). *C# (C Sharp): Qué es, dónde se utiliza y para qué sirve*. TRBL Services. Retrieved May 12, 2024, from https://trbl-services.eu/blog-c-sharp-que-es-para-que-sirve/

tribunalbcs. (s.f.). *Poder Judicial del estado de Baja California Sur*. Poder Judicial del estado de Baja California Sur. Retrieved May 12, 2024, from https://tribunalbcs.gob.mx/seccion.php?CONTENIDO=Fondo+Auxiliar&id=586

Tutoriales de Visual Studio | C#. (s.f.). *Desarrollo de C# con Visual Studio - Visual Studio (Windows)*. Microsoft Learn. Retrieved May 18, 2024, from https://learn.microsoft.com/es-es/visualstudio/get-started/csharp/?view=vs-2022

12 principios de la metodología agile en el desarrollo de proyectos. (2023, October 23). Cognodata. Retrieved April 25, 2025, from https://www.cognodata.com/blog/principios-metodologia-agile-desarrollo-proyectos/

Universitat Carlemany. (2024, March 21). *¿Cuáles son las mejores metodologías de desarrollo de software?* Universitat Carlemany. Retrieved May 12, 2024, from https://www.universitatcarlemany.com/actualidad/blog/metodologias-de-desarrollo-de-software/

Velasco, P. (2009, July 27). *Ambientes de Desarrollo de Software Basado en Componentes José Alberto Vela Dávila Dra. Perla Velasco Elizondo*. Repositorio CIMAT. Retrieved September 2, 2024, from https://cimat.repositorioinstitucional.mx/jspui/bitstream/1008/399/1/ZACTE2.pdf

web-design-mobile. (s.f.). https://fineartamerica.com/featured/web-twigs-web-design-mobile-app-internet-marketing-webtwigs.html?product=poster.

What is Python? Executive Summary. (s.f.). Python. Retrieved April 19, 2025, from https://www.python.org/doc/essays/blurb/

XTIVIA. (s.f.). *IBM Informix Database Administration (DBA) Services & Support*. Retrieved May 12, 2024, from https://virtual-dba.com/lp/ibm-informix-database-services/?utm_term=ibm%20informix&utm_campaign=%5BSLS%5D+XTIVIA+-+Virtual-DBA&utm_source=adwords&utm_medium=ppc&hsa_acc=8954376780&hsa_cam=9898489381&hsa_grp=147585679874&hsa_ad=683000966796&hsa_src=g&hsa_t

Yucatán, P. J. d. (s.f.). *Fondo Auxiliar para la Administración de Justicia del Estado de Yucatán*. Retrieved May 12, 2024, from https://sistemas.poderjudicialyucatan.gob.mx/fondopjey/assets/doctos/manual_org_fondoaux_pjey.pdf

Zendesk. (2023, February 14). *¿Qué es la metodología ágil? ¿Para qué sirve?* Zendesk. Retrieved June 7, 2024, from https://www.zendesk.com.mx/blog/metodologia-agil-que-es/

www.ingramcontent.com/pod-product-compliance
Lightning Source LLC
LaVergne TN
LVHW022309200926
848481LV00004B/1259